Richtig versichert

Wer braucht welche Versicherung?

23. Auflage aktualisiert, Februar 2011

ISBN: 978-3-936350-63-0

Printed in Germany

Inhalt

Wie versichern Sie sich richtig

1

Welche Versicherungen sind nötig? 7

Persönlichen Versicherungsbedarf erkennen 8

Welche Versicherungen sind unverzichtbar, welche überflüssig? 13

2

... wenn Sie krank werden? 21

Versicherungspflicht für alle 22

Gesetzliche Krankenversicherung 31

Private Krankenversicherung 50

3

... um im Pflegefall ausreichend abgesichert zu sein? 59

Pflegepflichtversicherung 60

Private Pflegezusatzversicherungen 62

4

... gegen vorübergehende Einkommensausfälle? 67

Einkommenslücke berechnen 68

Krankentagegeldversicherung 72

5

... gegen die finanziellen Lücken bei Berufsunfähigkeit? 81

Niedrige gesetzliche Rente 82

Berufsunfähigkeitsversicherung 86

6

... wenn Sie ein erhöhtes Unfallrisiko haben? 93

Private Unfallversicherung 94

Gesetzliche Unfallversicherung 97

Wie versichern Sie sich richtig

7

... um Ihr Kind vor den finanziellen Folgen der Invalidität zu schützen? 99

Invaliditätsversicherung für Kinder 100

8

... um Ihre Angehörigen abzusichern? 103

Risikolebensversicherung 104

9

... wenn Sie Schäden anrichten? 109

Private Haftpflichtversicherung 110

10

... gegen den Verlust von Hab und Gut? 121

Hausratversicherung 122

Wohngebäudeversicherung 137

11

... gegen das Risiko hoher Prozesskosten? 143

Rechtsschutzversicherung 144

Prozessfinanzierer – eine Alternative? 152

12

... bei Schäden am Auto? 155

Tipps und Tricks zu den Kfz-Versicherungen 156

Die Insassenunfallversicherung 166

Autoschutzbrief 167

13

... wenn Sie auf Reisen gehen? 171

Auslandsreisekrankenversicherung 172

Reiserücktrittsversicherung 175

Reisegepäckversicherung 177

Wie versichern Sie sich richtig

14

... über Versicherungsportale im Internet? 179

Guter Rat aus dem Netz? 180

15

... indem Sie sich nicht versichern? 183

Überflüssige Versicherungen 184

16

Wie kommen Sie an die richtigen Verträge? 187

Versicherungsbedarf analysieren 188

17

Beendigung falscher und teurer Versicherungen 191

Widerrufsrecht und -frist für alle Versicherungssparten 192

Kündigung von Nicht-Lebensversicherungen 195

Beendigung von Lebensversicherungen 198

18

Anhang 205

Wichtige Anschriften 206

Stichwortverzeichnis 208

Impressum 213

14

15

16

17

18

1

Welche Versicherungen sind nötig?

Persönlichen Versicherungsbedarf erkennen

Etwa 170 Milliarden Euro geben wir Deutschen derzeit im Jahr für private Versicherungen aus. Das sind rund 2.075 Euro für jeden von uns – vom Baby bis zum Greis. Von dieser gigantischen Summe verpulvern wir allein 122 Millionen Euro für die völlig überflüssige Insassenunfallversicherung als Zusatz zur Kfz-Versicherung und 2,8 Milliarden Euro für die private Unfallversicherung, die auch fast niemand benötigt.

Wenn man außerdem berücksichtigt, dass so wichtige Verträge wie die Privathaftpflichtversicherung mit guten Leistungen je nach Gesellschaft Preisspannen zwischen rund 70 und 160 Euro haben können, beginnt man zu ahnen, wie viel Geld wohl wirklich zum Fenster herausgeworfen wird. Vielleicht 30 oder doch gar 60 Milliarden Euro im Jahr? Jedenfalls zeigen die Vergleichstests, dass häufig gerade die Marktführer bei gleichen Leistungen sehr teuer sind.

Nicht nur für zu teure Anbieter geben wir zu viel Geld aus. Viele von uns sind auch völlig falsch versichert. So schließen etwa Urlaubsreisende eine Gepäckversicherung ab. Der Verlust eines Koffers bedeutet zum einen nicht einen finanziellen Ruin, zum anderen sind die Bedingungen der Versicherer oft so streng, sodass der Verlust nicht ersetzt wird.

Aber noch nicht einmal ein Viertel der Haushalte in Deutschland hat sich gegen den Super-GAU »Berufsunfähigkeit« abgesichert. Dabei hat jemand, der im Monat zum Beispiel 2.000 Euro verdient, bis zum Ruhestand einen Verdienstausfall in Höhe von rund 770.000 Euro, wenn er mit 35 Jahren berufsunfähig wird. Das könnte man nur mit einer Riesenerbschaft oder einem Superlottogewinn selbst absichern. Wer mit 45 Jahren über ein Jahreseinkommen von 48.000 Euro verfügt, hat dann sogar ein Einkommensrisiko von 1.056.000 Euro.

Dieser Ratgeber hilft Ihnen, einen guten und kostengünstigen Versicherungsbestand aufzubauen und ab sofort kleinere oder aber wesentlich kostspieligere falsche Versicherungsabschlüsse zu vermeiden. Sie müssen dazu nicht alle Kapitel durcharbeiten. Der Ratgeber berät Sie vielmehr individuell und unter Berücksichtigung Ihrer konkreten Situation.

Dazu finden Sie auf den nächsten Seiten zunächst eine Übersicht für alle möglichen Lebenssituationen. Mithilfe dieser Übersicht können Sie direkt die für Sie wichtigen Sparten unter die Lupe nehmen.

Um noch genauer Ihren Bedarf zu ermitteln, werden Sie im Laufe dieses Buches immer wieder gebeten, kleine Tabellen auszufüllen, zutreffende Aussagen anzukreuzen oder Fragen zu beantworten. So ist es nicht nur möglich, Ihren persönlichen Versicherungsbedarf zu erkennen, sondern Sie erfahren außerdem, von welchen Verträgen wir abraten.

Buchtipp

Alles, was Sie über private Altersvorsorge wissen müssen, erfahren Sie in den Ratgebern »Privatrenten und Lebensversicherungen«, »Altersvorsorge richtig planen«, »Betriebliche Altersvorsorge« und »Die Riester-Rente«. Da das Angebot an Vorsorgeprodukten so kompliziert und unübersichtlich geworden ist, haben wir die Themenbereiche private und betriebliche Altersvorsorge in eigenen Ratgebern dargestellt (siehe auch Seite 216).

Und falls Sie nach dem Lesen unserer Hinweise feststellen, dass Sie und Ihre Familie falsch oder zu teuer versichert sind, hilft Ihnen das Kapitel über die Beendigung falscher und teurer Versicherungen ab Seite 191.

Zehn Grundregeln für den richtigen Schutz

Aber nicht nur die richtigen Informationen verhelfen zum richtigen Versicherungsschutz, wichtig ist auch, dass Sie einige grundlegende Regeln beachten. Deshalb haben wir zehn Gebote zum richtigen Umgang mit Ihrer Versicherungssituation zusammengestellt.

1. Lassen Sie sich nicht von aktuellen Ereignissen in Ihrem Umfeld zu impulsiven Versicherungsabschlüssen verleiten.
Ermitteln Sie ohne Zeit- oder sonstigen Druck von außen Ihre Versorgungslücken, zum Beispiel bei Invalidität, Tod oder Alter. Machen Sie eine Inventur bei Ihren Versicherungen und entscheiden dann, was zu tun ist.

2. Hören Sie nicht auf Freunde, Bekannte, Verwandte und erst nicht auf Versicherungsvermittler.
Ihre Freunde meinen es sicherlich gut, aber sie kennen sich in der Versicherungsmaterie meist nicht aus. Und bei Vertretern besteht die Gefahr, dass deren Ratschläge von Provisionsinteressen bestimmt sind.

3. Lassen Sie sich nicht von Ängsten oder dem Gefühl der Unsicherheit leiten!
Gerade weil es hier um die – häufig teure – Vorsorge gegen ungeliebte Ereignisse wie zum Beispiel Erwerbsunfähigkeit oder Altersarmut geht, sollten Sie umso überlegter vorgehen.

4. Es gibt nichts umsonst, weder im Internet, noch beim Versicherer oder beim Versicherungsvermittler.
Guter fachmännischer Rat kostet Geld. Wer auf vermeintlich kostenlose Informationen vertraut, geht unnötige Risiken ein, zahlt viel zu hohe Beiträge oder spart in unrentablen Verträgen mit hohem Verlustrisiko an.

5. Beachten Sie das »GAU-Prinzip«! Lassen Sie keine großen Risiken unversichert.
Sichern Sie den »**G**rößten **a**nzunehmenden **U**nfall« ab, das heißt vor allem die existenzbedrohenden Risiken. Dazu gehören die Risiken Tod, Invalidität und Haftpflicht.

6. Setzen Sie nicht darauf, dass Ihnen schon »nichts passieren« wird, weil Sie einen Versicherungsschaden für unwahrscheinlich halten.
Wer zum Beispiel ein Haus baut und einen Baukran auf dem Grundstück hat, sollte für die Zeit des Baus das Risiko versichern, dass der Kran bei Sturm umfällt und in der Nachbarschaft Schäden anrichtet.

7. Kleinere Risiken müssen nicht versichert werden.
Kündigen Sie bestehende Verträge, bei denen der mögliche finanzielle Schaden im Verhältnis zu den zu zahlenden Prämien gering ist – beispielsweise Reisegepäckversicherungen.

8. Beantworten Sie Antragsfragen penibel und wahrheitsgemäß.
Im Fall der Fälle kann es sonst passieren, dass der Versicherer zwar alle gezahlten Prämien behalten darf, aber wegen »vorvertraglicher Anzeigepflichtverletzung« nicht leisten muss.

9. Kündigen Sie auf gar keinen Fall Vorversicherungen, wenn Sie den neuen Versicherungsschein des Anschlussvertrags noch nicht in den Händen halten.
Und achten Sie darauf, dass dieser sich nahtlos anschließt.

10. Unterschreiben Sie erst einen Versicherungsantrag, wenn Sie die Produktinformationsblätter aller Anbieter gelesen und miteinander verglichen haben sowie alle Versicherungsbedingungen und Vertragsunterlagen schwarz auf weiß besitzen.

Versicherungsvertreter wollen Sie gern zu voreiligen Abschlüssen drängen. Die Versicherer sind gesetzlich verpflichtet, Produktinformationsblätter vor Vertragsabschluss auszuhändigen. Sie müssen in der gesetzlich vorgegebenen Reihenfolge die grundlegenden Vertragsinformationen wie zum Beispiel Preis, Verwaltungskosten, Hauptleistungen oder Ausschüsse enthalten. Damit sollen Sie in die Lage versetzt werden, die verschiedenen Angebote miteinander zu vergleichen. Allerdings zeigen die ersten Erfahrungen mit den Pflichtinformationen, dass damit ein Vergleich der Angebote untereinander häufig trotzdem nicht möglich ist. Wie will zum Beispiel der Kunde den Hinweis, dass er »0,125 Prozent der monatlichen Beiträge jährlich an Verwaltungskosten zu zahlen hat«, mit der Angabe eines anderen Versicherers vergleichen, dass die »Verwaltungskosten jährlich 14,50 Euro« betragen? Hier ist die Versicherungsaufsicht gefordert, verbindliche Vorgaben zu entwerfen, damit die positiven Veränderungen, die das neue Versicherungsvertragsgesetz bringen sollte, auch beim Versicherten ankommen.

Welche Versicherungen sind unverzichtbar, welche überflüssig?

Sie werden in den folgenden Übersichten Schulnoten finden. Diese geben Ihnen einen ersten Überblick, welche Verträge wir wann mit welcher Wichtigkeit empfehlen. Dabei verbergen sich hinter den Noten folgende Bewertungen:

1 = unverzichtbar
2 = sehr wichtig
3 = lässt sich vertreten
4 = völlig überflüssig

In vielen Spalten finden Sie überhaupt keine Benotung. Hier sind Bereiche betroffen, die mit dem Versicherungsschutz gar nichts zu tun haben.

Überblick über Vorsorge für Familienmitglieder

Ihre Einschätzung:	Unser Rat:
Es sind Familienmitglieder wie zum Beispiel Kinder, Stiefkinder, Ehepartner, Lebenspartner oder Eltern für den Fall des eigenen Todes finanziell zu versorgen.	Eine Risikolebensversicherung ist unverzichtbar (siehe Seite 103 ff.), aber hüten Sie sich vor teuren Kapitallebensversicherungen, wenn nicht ausdrücklich zum Beispiel in einer Verbraucherzentrale dahingehend beraten wird, dass sie »passt«.
Es sind keine Familienmitglieder finanziell zu versorgen.	Lebensversicherungen jeglicher Art (Kapitallebensversicherung, fondsgebundene Lebensversicherung, Risikolebensversicherung) sind überflüssig.

Überblick nach Lebenssituationen für sonstige Personenversicherungen

Allgemeine Situation im Inland			
	Kind bis Ende Schulausbildung	Junge Menschen in Berufsausbildung	Arbeitnehmer
Unfallversicherung	3	3	1 bei Sonderrisiken, sonst 4
(Kinder-)Invaliditätsversicherung	1	4	4
Berufsunfähigkeitsversicherung	4	1	1
Erwerbsunfähigkeitsversicherung	4	4	4
Grundfähigkeitsversicherung	4	4, falls keine Berufsunfähigkeitsversicherung möglich 2	4, falls keine Berufsunfähigkeitsversicherung möglich 2
Dread-Disease-Versicherung (Schwerst-Krankheiten-Versicherung)	4	4	4
private oder gesetzliche Krankenvollversicherung	1	1	1
Krankenzusatzversicherung	subjektive Entscheidung	subjektive Entscheidung	subjektive. Entscheidung
Krankenvollversicherung, Spezialschutz im Ausland	4	4	4
Auslandsreisekrankenversicherung	1 bei Auslandsaufenthalt, sonst 4	1 bei Auslandsaufenthalt, sonst 4	1 bei Auslandsaufenthalt, sonst 4
Krankentagegeldversicherung	4	4	1, falls privat krankenversichert und Verdienst oberhalb der Beitragsbemessungsgrenze

1 = unverzichtbar, 2 = sehr wichtig, 3 = lässt sich vertreten, 4 = völlig überflüssig

1

		Besondere Situation im Ausland, alle Betroffenen	
Freiberufler/Selbstständige	Ruheständler	Urlaub im Ausland	Berufliche vorübergehende Tätigkeit im Ausland
1 bei Sonderrisiken, sonst 4	4		
4	4		
1	4		
4	4		
4, falls keine Berufsunfähigkeitsversicherung möglich 2	4		
4	4		
1	1		
subjektive Entscheidung	subjektive Entscheidung		
4	4	4	1
1 bei Auslandsaufenthalt, sonst 4	1 bei Auslandsaufenthalt, sonst 4	1	
1	4		

Allgemeine Situation im Inland			
	Kind bis Ende Schulausbildung	Junge Menschen in Berufsausbildung	Arbeitnehmer
Kranken**haus**tagegeldversicherung	4	4	4
Pflegepflichtversicherung	1	1	1
Pflegezusatzversicherung	subjektive Entscheidung	subjektive Entscheidung	subjektive Entscheidung
Kfz-Insassenunfallversicherung	4	4	4

1 = unverzichtbar, 2 = sehr wichtig, 3 = lässt sich vertreten, 4 = völlig überflüssig

Überblick für Sachwerte, Haftpflichtrisiken und Rechtsschutz

	Private Haftpflichtrisiken vorhanden, zum Beispiel Hund, Öltank, Surfbrett	Wohngebäude oder Eigentumswohnung	Wintergarten oder sonstige teure große Verglasung in potenziell gefährdeter Lage
Privathaftpflichtversicherung	1		
Haftpflichtversicherung für Sonderrisiken	1		
Wohngebäudeversicherung		1	
Gebäudeglasversicherung			2

1 = unverzichtbar, 2 = sehr wichtig, 3 = lässt sich vertreten, 4 = völlig überflüssig

1

			Besondere Situation im Ausland, alle Betroffenen	
	Freiberufler/Selbstständige	Ruheständler	Urlaub im Ausland	Berufliche vorübergehende Tätigkeit im Ausland
	4	4	4	4
	1	1	1	1
	subjektive Entscheidung	subjektive Entscheidung	subjektive Entscheidung	subjektive Entscheidung
	4	4	4	4

	Hausrat Bei Verlust durch zum Beispiel Brand droht finanzieller Ruin	Hausrat Bei Verlust durch zum Beispiel Brand Ersatz schwer finanzierbar	Hausrat Verlust durch zum Beispiel Brand kein finanzielles Problem	Tätigkeit in gefährdeter Branche, Vermieter ist »Streithansel«, überdurchschnittliche Fahrzeug-Nutzung
	1	2	4	

	Private Haftpflicht-risiken vorhanden, zum Beispiel Hund, Öltank, Surfbrett	Wohngebäude oder Eigentumswohnung	Wintergarten oder sonstige teure große Verglasung in potenziell gefährdeter Lage	
Hausratversicherung				
Rechtsschutzversicherung				

1 = unverzichtbar, 2 = sehr wichtig, 3 = lässt sich vertreten, 4 = völlig überflüssig

Überblick für Kraftfahrzeuge

	Auto finanziert So lange Finanzierung läuft	Auto bis ca. 5 Jahre selbst bezahlt Wert nicht leicht selbst zu ersetzen	
Kfz-Haftpflicht	1	1	
Kfz-Teilkasko	1	1	
Kfz-Vollkasko	1	1	
Insassenunfall	4	4	
Autoschutzbrief bei der Versicherung	1	1	

1 = unverzichtbar, 2 = sehr wichtig, 3 = lässt sich vertreten, 4 = völlig überflüssig

Weitere unwichtige Versicherungen, soweit nicht schon benannt:

- Tierkrankenversicherung
- Elektrogeräte-Reparaturversicherung (Garantieversicherung)
- Kapitallebensversicherung
- Sterbegeldversicherung

	Hausrat Bei Verlust durch zum Beispiel Brand droht finanzieller Ruin	Hausrat Bei Verlust durch zum Beispiel Brand Ersatz schwer finanzierbar	Hausrat Verlust durch zum Beispiel Brand kein finanzielles Problem	Tätigkeit in gefährdeter Branche, Vermieter ist »Streithansel«, überdurchschnittliche Fahrzeug-Nutzung
	1	2	4	
				2–3

	Auto bis ca. 5 Jahre selbst bezahlt Wert mit eigenen Mitteln ersetzbar	Auto ab ca. 5 Jahre Wert nicht leicht selbst zu ersetzen	Auto ab ca. 5 Jahre selbst bezahlt Wert mit eigenen Mitteln ersetzbar
	1	1	1
	2–3	2–3	3–4
	3–4	2–3	3–4
	4	4	4
	1 (Ausland) 2 (Inland)	1 (Ausland) 2 (Inland)	1 (Ausland) 2 (Inland)

2

Wie versichern Sie sich richtig ... wenn Sie krank werden?

Versicherungspflicht für alle

Eine Krankenversicherung braucht jeder und hat jeder – sollte man zumindest denken. Noch bis ins Jahr 2008 hatten in Deutschland immer noch rund 200.000 bis 300.000 Menschen keine Absicherung für den Krankheitsfall. Daher besteht seit dem 1. Januar 2009 in Deutschland eine allgemeine Krankenversicherungspflicht.

Alle Personen, die ohne Krankenversicherung sind, müssen in eine private Krankenversicherung eintreten, wenn sie nicht Mitglied in der gesetzlichen Krankenversicherung werden können.

Wenn Sie früher Mitglied einer gesetzlichen Krankenversicherung gewesen und zurzeit nicht krankenversichert sind, sollten Sie sich zunächst bei einer gesetzlichen Krankenversicherung darüber beraten lassen, ob die Voraussetzungen für eine Rückkehr erfüllt sind. Die Kassen sind zu dieser Beratung verpflichtet.

Wer seiner Krankenversicherungspflicht nicht nachkommt, muss später neben der Versicherungsprämie für jeden unversicherten Monat eine Strafzahlung entrichten, die in den ersten sechs Monaten dieser Prämie entspricht. Danach sinkt der Satz zwar, aber es kommt so schnell eine Gesamtsumme von mehreren tausend Euro zusammen.

Wer versichert ist, aber mit zwei oder mehr Monatsbeiträgen in Rückstand gerät, dessen Versicherung ruht so lange, bis diese Rückstände bezahlt sind. Während dieser Zeit leistet der Versicherer ausschließlich für die Behandlung akuter Erkrankungen und Schmerzzustände sowie bei Schwangerschaft und für Vorsorgemaßnahmen.

Können Sie nicht in die Gesetzliche eintreten, sind Sie seit dem 1. Januar 2009 gesetzlich verpflichtet, eine private Krankenversicherung abzuschließen.

Die privaten Versicherer sind verpflichtet, Sie zumindest im **Basistarif** aufzunehmen. Der Basistarif entspricht in seinen Leistungen den Pflichtleistungen der gesetzlichen Krankenversicherung. Bei Eintritt in diesen Tarif dürfen keine Vorerkrankungen ausgeschlossen oder zum Anlass von Beitragserhöhungen genommen werden. Trotzdem prüft der Versicherer bei Antragsaufnahme die gesundheitlichen Verhältnisse der versicherten Person.

Beamte, Richter, Pensionäre, die keine Ergänzung aus der privaten Krankenversicherung haben, beziehungsweise nicht freiwillig in der gesetzlichen Krankenversicherung sind, haben das Recht, sich über die **Beihilfe** ergänzend im Basistarif zu versichern. Der Beitrag im Basistarif darf maximal so hoch sein, wie der durchschnittliche Höchstbeitrag in der Gesetzlichen inklusive des durchschnittlichen Zusatzbeitrags, den die Kassen seit der Reform Ende 2010 erheben dürfen. Dies gilt je Person.

Wenn Sie generell oder zumindest wegen des Beitrags zur Krankenversicherung Leistungen zur Grundsicherung oder aus der Sozialhilfe beziehen müssen, können Sie eine Beitragsverringerung fordern. Allerdings ergeben sich derzeit noch immer Differenzen zwischen der (reduzierten) Beitragshöhe in der privaten Krankenversicherung und den Unterstützungsleistungen aus staatlicher Unterstützung wie beispielsweise Arbeitslosengeld II (ALG II). Eine abschließende Lösung, wie in diesen Fällen die Verschuldung der Betroffenen vermieden werden kann, steht noch aus.

Gesetzliche und Private im Vergleich

Um festzustellen, ob und wie Sie sich besser oder günstiger versichern können, stellen Sie zunächst fest, zu welcher Versichertengruppe Sie gehören, und lesen Sie dann gezielt unsere Tipps für Ihre Situation. Auf jeden Fall sollten Sie sich bewusst machen, dass die Entscheidung zum Wechsel in die private Krankenversicherung möglicherweise lebenslange Auswirkungen haben kann, da der Gesetzgeber hohe und in vielen Fällen unüberwindbare Hürden für eine Rückkehr in die gesetzliche Krankenversicherung errichtet hat. Deshalb sollten Sie bei Ihrer Entscheidung nicht nur Ihre momentane Lebenssituation beachten, sondern auch mögliche Änderungen in der Zukunft wie etwa berufliche Rückschläge oder Änderungen der Familiensituation.

Welche Aussage trifft auf Sie zu?

- **Ich bin in der gesetzlichen Krankenversicherung versichert und möchte mich über meine Möglichkeiten und die verschiedenen Zusatzversicherungen informieren.**
  Lesen Sie unsere Ratschläge zu Chancen, aber auch Risiken und Nebenwirkungen, von Kassenwechsel, Wahltarifen, Zusatzversicherungen und Co. ab Seite 31.

- **Ich bin freiwillig in der Gesetzlichen und möchte mich über einen Wechsel in die private Krankenversicherung beraten lassen.**
  Die wichtigsten Entscheidungspunkte für und wider den Wechsel finden Sie ab Seite 45.

- **Ich möchte als Mitglied der privaten Krankenversicherung von den neu eingeführten Wechselmöglichkeiten profitieren.**

Unsere Hinweise zum Tarifwechsel bei der eigenen Gesellschaft oder zum Wechsel zu einer anderen Versicherung finden Sie ab Seite 52.

Ein wichtiger Hinweis für alle Fragen zur privaten und zur gesetzlichen Krankenversicherung: Die Verbraucherzentralen beraten Sie in vielen Fragen zur gesetzlichen und privaten Krankenversicherung und helfen Ihnen im privaten Krankenversicherungsbereich außergerichtlich, wenn es dort zu Problemen kommt.

Wenn Sie allgemeine Fragen zu den Angeboten im Gesundheitswesen und zu medizinischen und rechtlichen Fragen haben, berät Sie die Unabhängige Patientenberatung (UPD) unter anderem zu folgenden Themen: Patientenrechte, Kassenleistungen und Behandlungsmöglichkeiten. Die nächste Beratungsstelle und vieles mehr finden Sie unter *www.unabhaengige-patientenberatung.de*. Das UPD-Beratungstelefon erreichen Sie unter 0800 011 77 22 montags bis freitags 10 bis 18 Uhr aus dem Festnetz kostenlos.

Grundsätzlich ist bei der Übersicht auf den nächsten Seiten zu beachten, dass sich die Leistungen der privaten Krankenversicherung nach den Konditionen in dem jeweils abgeschlossenen Vertrag beziehungsweise Tarif richten. Hier geben wir nur übliche Regelungen wieder, die im Einzelfall anders ausgestaltet sein können.

Die von der privaten Krankenversicherung in der Regel gezahlte höhere Vergütung der Ärzte oder die Befreiung von der Beschränkung auf bestimmte Behandlungsarten können auch zu unerwünschten Effekten führen: Patienten werden möglicherweise mit Methoden und Medikamenten behandelt, die ihren Nutzen nicht ausreichend nachgewiesen haben, oder ganz einfach überversorgt mit zusätzlichen Untersuchungen.

Leistungsvergleich gesetzlich und privat		
Leistungen	**Gesetzliche Krankenversicherung**	**Private Krankenversicherung**
Ambulante ärztliche Behandlung	··› »Ausreichende, zweckmäßige und wirtschaftliche« Behandlung durch Ärzte und Zahnärzte, soweit sie zur Kassenpraxis zugelassen sind, in der Regel gegen Vorlage einer Krankenversicherungskarte ··› Heilpraktiker nicht zugelassen ··› Praxisgebühr 10 € je Quartal; separate Praxisgebühr (10 €) beim Zahnarzt sowie gegebenenfalls bei Inanspruchnahme des Notdienstes nochmals 10 € je Quartal ··› Sollten Sie weitere Ärzte aufsuchen, fällt die Praxisgebühr erneut an, es sei denn, die Inanspruchnahme erfolgt mit Überweisung.	··› Es besteht die freie Wahl unter allen approbierten Ärzten; auf eine Zulassung, die mit einer Überprüfung der fachlichen Qualifikation des Arztes verbunden ist, kommt es nicht an. ··› In der Regel keine Krankenversicherungskarte ··› Grundsätzlich gilt aber für diese und alle nachfolgend beschriebenen Leistungen Folgendes: Zwischen Arzt und Patienten wird ein Behandlungsvertrag abgeschlossen. Aus diesem Vertrag ist der Patient zur Bezahlung auch verpflichtet, wenn die private Krankenversicherung zum Beispiel mit dem Argument, die Behandlung sei medizinisch nicht notwendig gewesen, nicht (alles) erstattet, ··› Keine Praxisgebühr
Auslandsschutz	··› Versicherungsschutz besteht in den EU-Ländern und Ländern, mit denen ein Sozialversicherungsabkommen abgeschlossen wurde. Es werden nur die Kosten ersetzt, die auch in Deutschland ersetzt worden wären. Dadurch kommt es häufig zu eigenen Zuzahlungen. ··› Kein Rücktransport	··› Die Kosten für Behandlungen in Europa sind abgedeckt. In der Regel besteht auch Schutz für Behandlungen außerhalb Europas von einem Monat. ··› Dies gilt aber nicht bei allen Versicherern auch für den Rücktransport im Krankheitsfall. Selbst wenn er übernommen wird, besteht die Gefahr kundenunfreundlicher Regelungen. (Lesen Sie dazu unbedingt unsere Hinweise zur Auslandsreisekrankenversicherung auf Seite 172 ff.)

Leistungsvergleich gesetzlich und privat		
Leistungen	**Gesetzliche Krankenversicherung**	**Private Krankenversicherung**
Arzneien und Zuzahlungen	→ Erstattungsfähig sind in der Regel nur verschreibungspflichtige Medikamente, die über eine unter medizinischen Gesichtspunkten erfolgte Zulassung verfügen. Sind nicht verschreibungspflichtige Medikamente medizinisch notwendig, werden sie erstattet. Umgekehrt werden verschreibungspflichtige Arzneien zum Beispiel bei Erkältungskrankheiten oder Reisekrankheit nicht erstattet. → Zuzahlung 10 % vom Abgabepreis, mindestens 5 €, höchstens 10 €; die Zuzahlung ist begrenzt auf die tatsächlichen Kosten des jeweiligen Mittels. → Es gilt die Festbetragsregelung.*	→ Auf Rezepte der Ärzte, Zahnärzte und gegebenenfalls Heilpraktiker alle wissenschaftlich allgemein anerkannten Mittel, wenn zur Behandlung medizinisch notwendig → Der Versicherte zahlt selbst und erhält die Kosten gegen Rechnungsvorlage erstattet.
Brillen und Kontaktlinsen	→ Sehhilfen werden bis zur Vollendung des 18. Lebensjahrs erstattet, allerdings nicht das Brillengestell, und Kontaktlinsen nur in Ausnahmefällen. Nach dem 18. Lebensjahr werden die Kosten nur noch bei schweren Sehbeeinträchtigungen übernommen oder wenn diese der Behandlung einer Erkrankung dienen.	→ Die Tarife sind unterschiedlich. Es werden in der Regel zwischen 50 und 150 € für das Gestell ersetzt und Kosten für die Gläser, soweit medizinisch notwendig.

Leistungsvergleich gesetzlich und privat		
Leistungen	**Gesetzliche Krankenversicherung**	**Private Krankenversicherung**
Heilmittel/häusliche Krankenpflege/Soziotherapie	→ Es besteht Anspruch auf häusliche Krankenpflege inklusive hauswirtschaftlicher Versorgung, wenn ein zeitlich begrenzter Bedarf besteht, der nicht über die Pflegekasse zu decken ist und im Haushalt keine Personen leben, die die notwendigen Leistungen erbringen können. Bei psychischen Krankheiten kann Soziotherapie zur Koordination von Behandlungen sowie zur Motivation des Erkrankten im Umfang von maximal 120 Stunden pro drei Jahre in Anspruch genommen werden. Für Heilmittel wie zum Beispiel Massagen oder für die Pflegeleistung hat der Patient 10 % der Kosten selbst zu tragen zuzüglich 10 € je Verordnung (bei häuslicher Krankenpflege auf 28 Tage pro Kalenderjahr und 10 € je Verordnungstag begrenzt)	→ Die Kosten für Heilmittel werden vollständig übernommen, wenn medizinische Notwendigkeit besteht. Häufig gibt es Höchstgrenzen, die je nach Tarif schwanken können. → Leistungen für die häusliche Krankenpflege sind in der Regel nicht vereinbart. Ebenso, wie die Übernahme der Kosten für die Soziotherapie, werden diese nur erstattet, wenn sie im Rahmen einer gesonderte Klausel mitversichert sind.
Hilfsmittel	→ Zuzahlung von 10 % für jedes zum Verbrauch bestimmte Hilfsmittel jedoch mindestens 5 €, maximal 10 €; in jedem Fall nicht mehr als die Kosten des Hilfsmittels → Es gilt die Festbetragsregelung*.	→ Erstattung abhängig vom jeweiligen Tarif
Kieferorthopädie	→ Bei Behandlungsbeginn vor dem 18. Lebensjahr 80 %. Bei zwei oder mehr Kindern ab dem zweiten Kind 90 %. Bei planmäßiger Durchführung der Behandlung wird der Eigenanteil ersetzt.	→ In den meisten Tarifen 80 %. Es gibt aber auch Tarife zwischen 60 und 100 %. Altersgrenzen bestehen nicht.

Leistungsvergleich gesetzlich und privat

Leistungen	Gesetzliche Krankenversicherung	Private Krankenversicherung
Krankengeld	→ Das Krankengeld beträgt maximal 60% Ihres Nettoeinkommens und wird – unter Anrechnung der Lohnfortzahlung des Arbeitgebers – maximal für 78 Wochen gezahlt.	→ Kann nur durch einen gesonderten Vertragsteil bis zur Höhe des regelmäßigen Nettoverdienstes versichert werden. Wenn Krankentagegeld gezahlt wird, sind die Beiträge zur Krankenversicherung trotzdem weiter zu entrichten.
Krankenhaus	→ Unterbringung in der allgemeinen Pflegekasse. Behandlung durch den zuständigen Arzt. Zuzahlungen in Höhe von 10 € täglich für maximal 28 Tage pro Jahr. Wählt der Versicherte ohne zwingenden Grund ein anderes Krankenhaus als das, in das er vom behandelnden Arzt eingewiesen wurde, kann er zur Übernahme daraus resultierender Mehrkosten verpflichtet werden.	→ Leistungen je nach Tarif unterschiedlich. Von allgemeiner Pflegekasse bis zur Chefarztbehandlung im Einbettzimmer. Freie Wahl des Krankenhauses ebenfalls von dem abgeschlossenen Tarif abhängig
Kinderwunsch und Schwangerschaft	→ Bei medizinischer Notwendigkeit und hinreichenden Erfolgsaussichten werden zwischen 25. und 40. Lebensjahr bis zu drei künstliche Befruchtungen zu 50 % von der Kasse erstattet. Während des Bezugs von Erziehungsgeld ist die Krankenversicherung beitragsfrei. Darüber hinaus nur im Rahmen der Familienversicherung.	→ Keine Beitragsbefreiung, Arbeitnehmer- und Arbeitgeberanteil sind weiterzuzahlen
Zahnbehandlung	→ Die Kosten werden eigentlich zu 100 % ersetzt, Einschränkungen bei der Materialauswahl; bezüglich der Auswahl von Material und Ausführung gilt aber die Festbetragsregelung*, was zu deutlichen Zuzahlungen führen kann.	→ Die Kosten werden in der Regel vollständig ersetzt. Es bestehen aber auch Tarife mit abgespeckten Leistungen.

Leistungsvergleich gesetzlich und privat		
Leistungen	Gesetzliche Krankenversicherung	Private Krankenversicherung
Zahnersatz	⇢ Befundbezogen wurden Festbetragszuschüsse festgelegt, die von den Kassen zu mindestens 50 %, je nach ausgefülltem Bonusheft auch zu 70 oder 80 % erstattet werden. Bezüglich der erstatteten Zuschüsse und damit der Materialauswahl und Ausführung gilt die Festbetragsregelung.*	⇢ Viele Tarife sehen die Erstattung von 80 % der Kosten vor, es gibt aber auch Tarife mit weniger Erstattungsumfang oder bis 100 % der Kosten.
Sonstige Leistungen	⇢ Leistungen zur Krankheitsvorbeugung und Früherkennung, Psychotherapie, Beratung zur Empfängnisverhütung, Schwangerschaftsabbruch, Sterilisation aus medizinischen Gründen, ambulante Palliativversorgung, Haushaltshilfen während schwerwiegender Krankheit, wenn Kinder unter 12 Jahren oder mit Behinderung im Haushalt leben, Hospizleistungen sowie medizinische Rehabilitation	⇢ Erstattung abhängig vom jeweiligen Tarif

*** Anmerkung zur Festbetragsregelung in der Gesetzlichen:**
Für zahlreiche Hilfsmittel, aber auch für Zahnbehandlungen und Zahnersatz sieht das Gesetz vor, dass durch zuständige Gremien ein sogenannter Festbetrag festgelegt wird. Auch Arzneimittel sind hiervon betroffen, wobei gleichartige Substanzen zu einer Festbetragsgruppe zusammengefasst werden. Grundsätzlich gilt, dass mit diesen Festbeträgen eine Behandlung möglich sein beziehungsweise ein Hilfsmittel verfügbar sein muss, das eine medizinisch notwendige, ausreichende und zweckmäßige Versorgung ermöglicht.
Soweit sich Versicherte der Gesetzlichen für darüber hinausgehende Versorgungen entscheiden, müssen sie die Mehrkosten aus eigener Tasche bezahlen. Probleme entstehen, wenn diese Festbeträge veraltet sind und dem aktuellen Preisniveau oder dem üblichen Stand der Versorgung zum Beispiel unter Aspekten von Funktionalität oder Ästhetik nicht mehr entsprechen.

Gesetzliche Krankenversicherung

Wahltarife

Neben der »normalen« gesetzlichen Krankenversicherung müssen die Krankenkassen ihren Mitgliedern Wahltarife für besondere Versorgungsformen anbieten. Dazu zählen beispielsweise:

Hausarztverträge

Sie verpflichten sich, immer erst zum Hausarzt zu gehen und nur mit einer Überweisung zum Facharzt. Wenn Sie dadurch Beiträge sparen können, ist das je nach Ihrer Lebenssituation ein sinnvolles Modell. Wenn Sie aber »nur« Sachgeschenke oder irgendwelche Bonuspunkte dafür erhalten, ist es die Einschränkung der freien Arztwahl nicht wert.

[ ] Tipp

Prüfen Sie vor Abschluss des Wahltarifs, ob Ihr behandelnder Arzt an dem Hausarztmodell Ihrer Krankenkasse teilnimmt.

Teilnahme an besonderen Versorgungsformen

DMP (Disease Management-Programm) sind beispielsweise spezielle Programme für Menschen mit chronischen Krankheiten wie Diabetes oder Asthma. Die teilnehmenden Mediziner müssen sich zusätzlich weiterbilden und nach festgelegten Standards behandeln. Als Patient verpflichten Sie sich, regelmäßig zu Kontrolluntersuchungen zu erscheinen und an bestimmten Schulungen teilzunehmen. Diese Verpflichtung wird mit einer Prämienzahlung oder einem anderen Bonus, beispielsweise dem Erlass der Praxisgebühr, belohnt. Die Teilnahme an den Behandlungsprogrammen steht Ihnen aber auch ohne den Wahltarif offen. Gleiches gilt für andere spezielle Versorgungsformen wie zum Beispiel die Integrierte Versorgung.

Außerdem können die Krankenkassen auch **freiwillige Wahltarife** anbieten. Von dieser Möglichkeit machen allerdings nicht alle Kassen Gebrauch, sodass Sie unter Umständen wechseln müssen, wenn Sie sich in einem der Tarife versichern möchten.

Selbstbehalt

Sie zahlen bis zu einem bestimmten Betrag die Behandlungskosten selbst und den Rest übernimmt die Kasse. Diesen Tarif sollten Sie nur dann wählen, wenn sicher ist, dass die Beitragsersparnis höher ist als der Selbstbehalt.

Beitragsrückgewähr

Sie erhalten einen Teil Ihres Beitrags zurück, wenn Sie nicht zum Arzt gehen. Für chronisch Kranke oder Familien mit Kindern ist das in der Regel uninteressant. Junge gesunde Singles können den Tarif wählen.

Übernahme der Kosten für Arzneimittel der besonderen Therapierichtungen

Hier geht es beispielsweise um pflanzliche Medikamente oder anthroposophische Medizin. Die meisten dieser Medikamente sind nicht mehr im Leistungskatalog der Krankenkassen enthalten, da sie nicht verschreibungspflichtig sind. Gegen einen zusätzlichen Beitrag bieten die Kassen diese Wahltarife an.

Kostenerstattung

Sie erhalten von Ihrem Arzt eine Privatabrechnung, als wären Sie in der privaten Krankenversicherung versichert. Diese reichen Sie bei Ihrer gesetzlichen Krankenversicherung ein und erhalten den Betrag erstattet, den die Kasse für Ihre Behandlung als Kassenpatient gezahlt hätte, abzüglich einer Verwaltungskostenpauschale von fünf Prozent. Da die Differenz zwischen Rechnungs- und Erstattungsbetrag erheblich und außerdem nicht kalkulierbar ist und der Arzt nicht dazu verpflichtet ist, Ihnen die Höhe Ihres Eigenanteils vorab zu nennen, sind diese Tarife nicht empfehlenswert.

Die Krankenkassen können auch **Bonusprogramme** für gesundheits- und kostenbewusstes Verhalten anbieten. Wenn Sie regelmäßig an Vorsorge- und Früherkennungsuntersuchungen teilnehmen, bieten einige Krankenkassen finanzielle Anreize an, etwa die Ermäßigung von Zuzahlungen.

Bindungsfristen beachten

Bei den zuvor genannten freiwilligen Wahltarifen binden Sie sich mindestens drei Jahre an die Krankenkasse und den Tarif. Bei den Tarifen »Prämienzahlung«, »Kostenerstattung« und »Arzneimittel der besonderen Therapieeinrichtungen« wurde die Bindungsfrist auf ein Jahr verkürzt. Das Sonderkündigungsrecht gilt für den Fall, dass die Krankenkasse Zusatzbeiträge erhebt, diese erhöht oder eine Prämienauszahlung verringert.

Die Kassen sind im Übrigen berechtigt, diese Tarife wieder zu schließen, wenn sie sich zum Beispiel als unwirtschaftlich erweisen. Dies hat für den einzelnen Versicherten zur Folge, dass er wieder in der »normalen« gesetzlichen Krankenkasse versichert wird. Die Möglichkeit der Kostenerstattung gibt es in der gesetzlichen Krankenversicherung auch außerhalb eines Wahltarifs der Krankenkasse. So können Sie mit einer Bindungsfrist von einem Quartal für alle Behandlungen oder auch einzelne Bereiche (ärztliche, zahnärztliche oder stationäre Behandlung, veranlasste Leistungen) die Krankenkasse in Kenntnis setzen, dass Sie Kostenerstattung wählen. Da aber auch hier die finanziellen Belastungen und Unwägbarkeiten der oben dargestellten Kostenerstattung anfallen, ist dieser Schritt in aller Regel nicht empfehlenswert.

Private Zusatzversicherungen zur Gesetzlichen

Im Zuge der verschiedenen Gesundheitsreformen wurde in der gesetzlichen Krankenversicherung eine Reihe von Sach- und Dienstleistungen gekürzt, mit Festbeträgen versehen oder vollständig gestrichen. Darüber hinaus wurden Zuzahlungen eingeführt und erhöht. Diese Maßnahmen führen zu einer starken Belastung des Einkommens der

Versicherten. Und je umfangreicher die Kürzungen im Bereich der Gesetzlichen wurden, desto zahlreicher wurden die Angebote privater Zusatzversicherungen.

Darüber hinaus bieten auch die gesetzlichen Krankenkassen in **Kooperation mit privaten Versicherungen** Zusatzverträge an. Diese werden häufig mit einem Rabatt oder einer vereinfachten Gesundheitsprüfung angeboten. Bevor Sie jedoch ein derartiges Angebot annehmen, sollten Sie prüfen, welche Leistungen Sie versichern möchten und ob diese überhaupt im Paket Ihrer Kasse enthalten sind.

Auf den folgenden Seiten erläutern wir, welche Zusatzversicherungen es zur gesetzlichen Krankenversicherung gibt. Es handelt sich dabei mit Ausnahme der Auslandsreisekrankenversicherung mehr oder weniger um Luxusverträge. Informationen zur Auslandsreisekrankenversicherung finden Sie im Kapitel »Auslandsreisekrankenversicherung« auf Seite 172 ff., da sie sowohl für gesetzlich als auch meist für privat versicherte Personen sehr wichtig ist. Anders als in anderen Versicherungssparten werden Sie daher an dieser Stelle darüber hinaus keine konkrete Beratung dahingehend finden, wem der Abschluss nach objektiven Kriterien zu empfehlen ist. Soweit möglich geben wir Ihnen Entscheidungshilfen, damit Sie für sich selbst überprüfen können, ob der Abschluss tatsächlich notwendig ist.

Krankenhauszusatzversicherung

Haben Sie auch schon einmal in einem Vier-Bett-Zimmer zwischen zwei Plaudertäschchen gelegen und wollten eigentlich nur Ihre Ruhe? Oder können Sie sich diese Situation lebhaft vorstellen? Wenn Sie diese Erfahrung nicht machen möchten, sollten Sie besser über den Abschluss einer stationären Krankenhauszusatzversicherung nachdenken. Diese übernimmt die Mehrkosten, die bei Unterbringung in einem Ein- oder Zwei-Bett-Zimmer entstehen. Darüber hinaus ersetzt sie die privatärztlich abrechenbaren Kosten, die durch die Behandlung des Chefarztes zusätzlich zu den »normalen« Behandlungskosten entstehen. Dieser sogenannte **Wahlleistungstarif** beschränkt sich aber auf solche Leistungen.

Beispiel

Ihr Sohn stürzt beim Inlineskaten und erleidet einen komplizierten Bruch im rechten Unterarm. Sie wohnen in einer kleinen Stadt, die zwar über ein Krankenhaus verfügt, das sich aber keine Spezialisten leisten kann. Zufällig haben Sie gehört, dass sich in der benachbarten Großstadt ein Arzt in der Uni-Klinik auf die Behandlung komplizierter Unfallbrüche bei Kindern spezialisiert hat. Sie bitten daher den Unfallarzt, Ihr Kind nicht in das kleine städtische Krankenhaus, sondern in die Uni-Klinik einzuweisen. Der Unterschied bei den Tagessätzen der beiden Krankenhäuser beträgt rund 125 Euro pro Tag. Die gesetzliche Krankenversicherung ist lediglich verpflichtet, die Kosten zu ersetzen, die bei Belegung im nächstgelegenen geeigneten Krankenhaus entstehen. Hätten Sie nur den Wahlleistungstarif abgeschlossen, müssten Sie über den normalen Eigenanteil von derzeit zehn Euro hinaus noch für jeden Tag des Krankenhausaufenthaltes 125 Euro aus der eigenen Tasche zahlen. Der Restkostentarif übernimmt nicht nur die Zuzahlung, sondern auch diesen Betrag.

Der **Restkostentarif** übernimmt noch weitere Leistungen, die die gesetzliche Krankenkasse nicht ersetzt. Wie solche Kosten entstehen können, verdeutlicht das Beispiel.

Bevor Sie sich für die eine oder andere Variante entscheiden, sollten Sie sich darüber informieren, wie die Krankenhaussituation in Ihrer Umgebung beschaffen ist. Einwohner größerer Städte haben es da sicherlich besser als diejenigen, die auf dem Lande wohnen.

Die Auswahl des Wahlleistungstarifs hängt von Ihren individuellen Wünschen ab, ob Sie lieber ein Ein- oder Zweibettzimmer im Krankenhaus auswählen möchten. Für die erwachsenen Mitglieder Ihrer Familie sollten Sie die Entscheidung daher nach rein subjektiven Maßstäben treffen – falls es der Geldbeutel zulässt. Für Jugendliche und insbesondere Kinder ist ein solcher Vertrag eher nicht so wichtig. Gerade Kinder benötigen bei einem Krankenhausaufenthalt auch dann Gesellschaft, wenn einmal kein Besuch da ist. Mit Zimmergenossen können sie sich – soweit es der Gesundheitszustand zulässt – unterhalten oder spielen. Dadurch werden sie von den nicht so erfreulichen Seiten ihres Krankenhausaufenthaltes eher ein wenig abgelenkt, als wenn sie allein oder nur mit einem Kind auf einem Zimmer wären.

Tipps vor Vertragsabschluss

- Achten Sie darauf, dass Sie auch den Tarif bekommen, den Sie haben möchten. Einige Gesellschaften bieten nämlich sowohl Wahlleistungs- als auch Restkostentarife an, und es gab schon Fälle, bei denen offensichtlich war, dass den Versicherungsvertretern der Unterschied zwischen diesen beiden Tarifen nicht bekannt war.
- Stellen Sie einen ausführlichen Preis-Leistungsvergleich an. Die Unterschiede sind enorm. Viele Verbraucherzentralen bieten direkt vor Ort computergestützte Preis-Leistungs-Vergleiche. Neutrale Informationen finden Sie auch unter *www.test.de*.
- Fragen Sie, wann die letzten drei Beitragserhöhungen stattgefunden haben. War dies innerhalb weniger Jahre der Fall, signalisiert Ihnen damit die Gesellschaft, dass sie in kurzer Zeit mehrfach ihre Tarifberechnungen ändern musste. Dies kann ein Zeichen dafür sein, dass auch in Zukunft mit solchen Erhöhungen zu rechnen ist.
- Fragen Sie, ob die Gesellschaft einen oder mehrere Tarife mit gleichen Leistungen anbietet. Einige Versicherer haben in der Vergangenheit ihre alten Tarife geschlossen und nicht weiter angeboten. Da dann in den neu eingeführten Tarifen überwiegend jüngere Menschen versichert sind, die erfahrungsgemäß seltener und vor allem über kürzere Zeiträume ins Krankenhaus müssen,

hat die Versicherung mit besonders günstigen Tarifen locken können.

- Klären Sie, bis zu welcher Höhe gesonderte Arztkosten ersetzt werden. Privatärztliche Leistungen können bei besonders komplizierten Behandlungen zu einem Mehrfachen des üblichen Satzes behandelt werden. Allgemeine Praxis ist hier das 2,3 bis 3,5fache. In seltenen Fällen berechnen Ärzte jedoch auch höhere Gebühren. Wenn Sie also ganz sicher gehen wollen, schließen Sie Ihren Vertrag bei einer Gesellschaft ab, die einen möglichst hohen Satz übernimmt.
- Auf keinen Fall sollten Sie einen Zusatztarif abschließen, der nur bei einem unfallbedingten Krankenhausaufenthalt zum Zuge kommt.

Ambulante Ergänzungstarife

Angesichts der Leistungskürzungen beziehungsweise Erhöhungen der Zuzahlungen in der gesetzlichen Krankenversicherung werden Ergänzungstarife im ambulanten Bereich angeboten. Objektiv betrachtet besteht jedoch der Umfang der versicherten Leistungen für Personen mit einem normalen Gesundheitszustand in keinem vernünftigen Verhältnis zu der Höhe der Beiträge.

Mit Vorerkrankungen bekommen Sie einen solchen Vertrag bei einem privaten Anbieter in der Regel nicht. Als Zusatzvertrag über Ihre Kasse bekommen Sie ihn in diesem Fall auch nur dann, wenn die Kasse beziehungsweise der Anbieter, mit dem sie zusammenarbeitet, lediglich eine **vereinfachte Gesundheitsprüfung** durchführt. Falls Ihnen einzelne Zuzahlungen für Brillen oder Hilfsmittel wirklich finanziell sehr stark zusetzen, sollten Sie eher monatlich einen kleinen Betrag dafür auf die Seite legen. Im Übrigen ist es so, dass auch hier die Leistungen beim privaten Anbieter stark begrenzt sind.

Private Zahnzusatztarife

Vom Abschluss einer allgemeinen Zahnzusatzversicherung raten wir ab: Denn hier gilt das Motto: »Wer sie braucht, bekommt sie nicht – wer sie bekommt, braucht sie nicht.«

Private Versicherer bieten Zusatzversicherungen über die noch fehlenden 20 bis 50 Prozent der Kosten von Zahnersatz an. Die Versicherer schließen einen Vertrag über eine Zahnzusatzversicherung allerdings nur dann mit Ihnen ab, wenn Ihnen Ihr Zahnarzt einen **einwandfreien Zahnstatus** attestiert. Sind Behandlungen bereits im Gange oder konkret geplant, wird keine Assekuranz diesen Schutz übernehmen. Wer gesunde Zähne hat, kann sich diese durch gute Pflege und regelmäßige Kontrollen viele Jahre lang erhalten und benötigt die Police nicht.

Zahnzusatztarife bieten im Übrigen auch nicht den Schutz, den man sich von ihnen erhofft. Sie haben oft eine Reihe von **versteckten Ausschlüssen**. So werden zum Beispiel die Kosten für die Verblendung der hinteren Zähne oft nicht übernommen. Gleiches gilt in vielen Fällen für Implantate. Außerdem kann dennoch ein Differenzbetrag zwischen der von Ihnen gewählten Ausführung der Leistung und dem zu erstattenden Betrag im Sinne einer Festbetragsregelung bestehen.

Der Abschluss dieser Versicherung kann sich sogar als Bumerang erweisen: Viele Tarife begrenzten ihre Leistung auf das 2,3fache der Gebührenordnung für Zahnärzte. Wenn der Zahnarzt für seine privatärztliche Behandlung einen höheren Satz abrechnet, als ihn die Versicherung erstattet, müssen Sie am Ende einen höheren Betrag zahlen, als dies der Fall gewesen wäre, wenn Sie sich ohne Zusatzversicherung im Rahmen der gesetzlichen Krankenversicherung hätten behandeln lassen. Natürlich werden die Versicherer dagegenhalten, dass Sie einen wesentlich besseren Zahnersatz bekommen hätten. Dieses Argument kann jedoch nur bedingt gelten. Denn der Zahnarzt ist verpflichtet, Sie im Rahmen der ärztlichen Heilkunst dem Stand der medizinischen Technik entsprechend zu behandeln. Und die Kasse hat nach dem Sozialgesetzbuch die Aufgabe, die Kosten für medizinisch notwendige Behandlungen zu übernehmen.

Buchtipp

Weitere Informationen finden Sie in unserem Ratgeber »Private Kranken- und Pflegezusatzversicherungen«.

Kostengünstige Anbieter von Zusatzversicherungen für die ambulante Behandlung und von Zusatzversicherungen für die Zahnbehandlung lassen sich nicht benennen, da es hier entscheidend auf den Umfang der gewünschten Policen ankommt.

Der Wechsel der gesetzlichen Krankenkasse

Grundsätzlich kann jedes Mitglied einer gesetzlichen Krankenkasse diese unter Berücksichtigung bestimmter Fristen wechseln. Eine Ausnahme gilt nur für versicherungspflichtige Landwirte, Bergleute und Seeleute. Diese bleiben weiterhin Mitglied der landwirtschaftlichen Krankenkassen, der Bundesknappschaft und der Seekrankenkasse.

Für Mitglieder aller anderen gesetzlichen Krankenkassen gilt ein einheitliches Kündigungsrecht. Die Unterscheidung zwischen freiwillig und Pflichtversicherten besteht nicht. Eine Gesundheitsprüfung vor Aufnahme in eine gesetzliche Krankenversicherung ist nicht zulässig.

Kündigungsfristen

Sie können Ihre Mitgliedschaft in einer Krankenkasse mit einer Frist zum übernächsten Monat beenden, wenn Sie dort mindestens 18 Monate versichert waren. Auch ein Arbeitgeber- oder Beschäftigungswechsel berechtigt nicht zur Kündigung innerhalb dieses Zeitraums.

Eine Ausnahme von dieser Bindung ist das Sonderkündigungsrecht für den Fall, dass die Krankenkasse Zusatzbeiträge erhebt, diese erhöht oder eine Prämienauszahlung verringert. Sie können dann innerhalb einer Frist von zwei Monaten nach der Vertragsänderung kündigen – mit Wirkung zum Ende des übernächsten Monats.

Beim Wechsel auch auf Leistungen achten

Bisher konnten Sie durch den Wechsel einer gesetzlichen Krankenversicherung zunächst einmal erheblich an Beiträgen sparen. Seit dem 1. Januar 2009 spielt dies keine so große Rolle mehr. Der Beitragssatz ist einheitlich geregelt. Beitragsunterschiede entstehen aber dadurch, dass Kassen von ihren Mitgliedern Zuzatzbeiträge verlangen können, die in festen Eurobeträgen ausgewiesen werden müssen. Diese Entwicklung sollten Sie genau beobachten und gegebenenfalls zum Anlass nehmen, die Gesetzliche zu wechseln.

Sie können aber durch einen Wechsel der Kasse in manchen Bereichen verbesserte Leistungen bekommen. Die folgende Auflistung gibt Ihnen einen kleinen Überblick.

Die Kassen bieten unterschiedliche **Beratungen** zu allgemeinärztlichen oder zahnärztlichen Fragen, zu Medikamenten, Pflege oder zu Krankenhäusern oder Langzeiterkrankungen an. Manche gesetzliche Krankenversicherungen sind **»immer für Sie da«**, mit Beschwerdetelefon, kundenfreundlichen Beratungszeiten, Beratung zu Hause und im Krankenhaus sowie Vermittlung von Facharztterminen. Im Bereich der **Leistungen zur Rehabilitation und Prävention** gibt es auch viele Angebote, beispielsweise Behindertensport, Diabetesschulung, Rückenschule oder ein erweitertes Impfangebot teilweise auch mit Reiseimpfungen.

Bei **alternativen Heilmethoden** können Sie wählen zwischen Modellversuchen und Regelleistungen.

Freiwillig versicherte Selbstständige haben bei der **Wahl des Krankengeldes** folgende Möglichkeiten: Das Krankengeld wird grundsätzlich angeboten; der Versicherte kann wählen, ob er ein Krankengeld haben möchte. Krankengeldzahlung wird ab dem ersten Tag der Arbeitsunfähigkeit oder erst ab einem späteren Tag der Arbeitsunfähigkeit gewährt.

Wie findet man eine »bessere« Kasse?

Die Verbraucherzentralen bieten in ihren Beratungsstellen ständig aktualisierte Übersichten zur Einsichtnahme und Kopie. Einige Zentralen beraten auch telefonisch zu den gesetzlichen Krankenkassen. Bei Bedarf wenden Sie sich einfach an Ihre Verbraucherzentrale, die Adresse finden Sie unter *www.verbraucherzentrale.de* und auf Seite 206 ff.
Die Stiftung Warentest bietet ständig aktualisierte Übersichten und Berechnungen auf *www.test.de* an.

Tipps für den Kassenwechsel

Anders als beim Wechsel in die Private oder beim Wechsel von einer privaten in eine andere private Krankenversicherung gibt es beim Kassenwechsel nicht sehr viel zu beachten. Wenn Sie die folgenden Tipps beherzigen, sollte der Einstieg in eine andere gesetzliche Krankenversicherung ohne Probleme vonstattengehen:

- Entscheiden Sie, welche Kriterien für Sie beim Kassenwechsel wichtig sind.
- Wählen Sie frühzeitig Ihre neue Kasse aus.
- Senden Sie die Kündigung an Ihre alte und den Antrag auf Neumitgliedschaft bei der neuen Kasse so rechtzeitig ab, dass Sie nicht in Zeitdruck kommen.
- Senden Sie Ihre Schreiben per Übergabe-Einschreiben oder per Fax und bewahren Sie den Sendebericht auf.
- Informieren Sie Ihren Arbeitgeber, indem Sie ihm Kopien Ihrer Schreiben vorlegen. Dies gilt insbesondere für die Bestätigung der neuen Mitgliedschaft, damit Ihre Beitragszahlung problemlos geändert werden kann.

Freiwillig in der Gesetzlichen bleiben oder in die Private wechseln?

Eine Auswahl, welche Leistungen die private Krankenversicherung anbietet und welche nicht, finden Sie in der Tabelle auf Seite 26 ff. aufgelistet. Nachfolgend erhalten Sie zunächst Informationen darüber, wer sich überhaupt privat krankenversichern kann. Der Schwerpunkt dieses Kapitels liegt jedoch darin, Ihnen eine Reihe von Kriterien an die Hand zu geben, nach denen Sie entscheiden können, ob es in Ihrem Fall zu empfehlen ist, von der gesetzlichen in die private Krankenversicherung zu wechseln. Im Zuge des zunehmenden Wettbewerbes zwischen den beiden Systemen werben beide Seiten nicht nur um gut verdienende junge Menschen. Die Praxis der letzten Jahre hat vielmehr gezeigt, dass insbesondere die privaten Krankenversicherungen zunehmend auch freiwillig versicherte Beamte oder Selbstständige und deren Familien selbst dann zu locken versuchen, wenn die Eltern schon weit über vierzig sind oder auch beim einen oder anderen Familienmitglied Vorerkrankungen bestehen.

Grundsätzlich sollten Sie sich den Schritt von der Gesetzlichen in die private Krankenversicherung vor allem mit Blick auf die langfristigen Konsequenzen gut überlegen und nicht nur Ihre aktuelle Lebenssituation berücksichtigen.

Wer kann aus der Gesetzlichen in die Private wechseln?

Freiberufler und **Selbstständige** können unabhängig von der Höhe des Einkommens Mitglied in der privaten Krankenversicherung werden. Dies gilt auch für **Beamte**. Als **Beihilfeberechtigte** benötigen sie lediglich einen Teilversicherungsschutz, weil der Dienstherr durch die Beihilfe einen Teil der Behandlungskosten trägt. Die Höhe der Beihilfe ist unterschiedlich, sie richtet sich nach dem Dienstherrn und den für diesen geltenden Vorschriften.

Neben freiberuflich oder selbstständig Tätigen und Beamten können alle Arbeitnehmer in die private Krankenversicherung wechseln, die ein Einkommen erzielen, das mindestens ein Jahr lang über der **Versicherungspflichtgrenze** oder **Jahresarbeitsentgeltgrenze** liegt. Es galten und gelten folgende Sätze:

Zeitraum	jährliches Bruttoeinkommen	monatliches Bruttoeinkommen
2011	49.500,00 €	4.125,00 €
2010	49.950,00 €	4.162,50 €

Einige Entscheidungshilfen pro und contra Wechsel

Im Folgenden finden Sie eine Reihe von Kriterien, die für oder gegen den Wechsel in die private Krankenversicherung sprechen. Kreuzen Sie die Aussagen an, die auf Sie zutreffen und wägen Sie danach ab, welche Punkte von ihrer Bedeutung her den Ausschlag geben.

Versicherungsbeiträge

Kriterium 1:

☐ **Die Kosten für eine private Krankenversicherung sind mir/uns völlig unwichtig. Es kommt mir/uns nur und allein darauf an, bessere (Service)Leistungen zu haben als in der gesetzlichen Krankenkasse.**
Aus Sicht der Versicherer sind Sie der Idealfall für die private Krankenversicherung. Sie sollten jetzt nur noch die Kriterien 5 bis 9 überprüfen und den Schritt in die Private ausschließlich von Ihrem Gesundheitszustand abhängig machen. Achten Sie auch darauf, ob in Ihrem Vertrag tatsächlich mindestens alle Leistungen der gesetzlichen Krankenversicherung abgedeckt sind.

Kriterium 2:

☐ **Ich bin beihilfeberechtigt. Soweit andere Familienmitglieder mitzuversichern sind, sind diese ebenfalls beihilfeberechtigt.**
Unter Beitragsgesichtspunkten spricht nichts gegen einen Wechsel in die private Krankenversicherung. Dadurch, dass Sie beihilfeberechtigt sind, halten sich die Kosten in Grenzen.

Kriterium 3:

☐ **Ich bin Arbeitnehmer mit einem Einkommen über der Versicherungspflichtgrenze oder selbstständig oder**

freiberuflich tätig. Ich bin die Person mit dem höchsten Einkommen in der Familie, und es sind weitere Personen zu versichern.
Sie sollten sich den Wechsel in die private Krankenversicherung unter Beitragsgesichtspunkten sehr gut überlegen. Selbst bei günstigen Gesellschaften können die Versicherungsbeiträge für die ganze Familie schnell weit über dem höchsten Satz in der gesetzlichen Krankenversicherung liegen, selbst wenn man die Zuzahlungen dabei berücksichtigt.

Kriterium 4:

- ☐ **Ich bin Arbeitnehmer mit einem Einkommen über der Beitragsbemessungsgrenze, oder selbstständig oder freiberuflich tätig. Ich bin die Person mit dem höchsten Einkommen in der Familie, und es sind keine weiteren Personen mitzuversichern.**

! **Hinweis**

Die Beitragsbemessungsgrenze ist Grundlage für die maximale Höhe der zu zahlenden Krankenversicherungsbeiträge in der gesetzlichen Krankenversicherung.

Unter Beitragsgesichtspunkten spricht nichts gegen einen Wechsel in die private Krankenversicherung. Wenn Sie jedoch die Person mit dem höchsten Einkommen der Familie sind, sollten Sie sich zuvor informieren, ob nicht der Wechsel in die Private dazu führt, dass zum Beispiel zukünftige oder bereits existierende Kinder nicht (mehr) im Rahmen der Familienversicherung Ihres Partners mitversichert werden können.
Die gesetzlichen Kassen prüfen regelmäßig, bei wem die Kinder im Rahmen der regelmäßigen Familienversicherung mitversichert sind. Wenn festgestellt wird, dass die Voraussetzungen für die kostenlose Familienversicherung nicht mehr vorliegen, sind Sie gesetzlich verpflichtet, das Versicherungsverhältnis zu beenden. Die Folge wäre, dass Sie für alle einkommenslosen Fa-

milienmitglieder entweder freiwillige gesetzliche oder private Krankenversicherungsverträge mit voller Beitragsverpflichtung abschließen müssen. Das kann leicht die Ersparnisse aus dem Wechsel in die private Krankenversicherung übersteigen.

Alter

Kriterium 5:

☐ **Die älteste zu versichernde Person ist jünger als 41 Jahre.** Unter Alterskriterien spricht nichts gegen einen Wechsel in die private Krankenversicherung. Beachten Sie aber, dass sich Ihre Einkommens- und Familiensituation in der Zukunft ändern kann.

Kriterium 6:

☐ **Die älteste zu versichernde Person ist älter als 41 Jahre.** Unter Berücksichtigung des Einstiegsalters ist ein Wechsel in die private Krankenversicherung nicht zu empfehlen. Sie würden recht spät in die private Krankenversicherung wechseln. Es ist zu befürchten, dass keine ausreichenden Altersrückstellungen aufgebaut werden können. Diese Rückstellungen sollen dazu dienen, starke Beitragsanhebungen im Ruhestand abzufedern. Dazu sind die Versicherer gesetzlich verpflichtet, einen zehnprozentigen Beitragszuschlag auf den jeweiligen Krankenversicherungsbeitrag zu erheben und dieses Geld gewinnbringend anzulegen. Es ist jedoch fraglich, ob der relativ kurze Zeitraum, den Sie bis zum Beginn des Ruhestandes in der privaten Krankenversicherung verbringen, dazu ausreicht. In den vergangenen Jahren haben die Verbraucherzentralen regelmäßig Beschwerden gerade von älteren Versicherten über extreme Beitragserhöhungen erhalten.

Gesundheitszustand

Kriterium 7:

- ☐ **Kein Familienmitglied war in den letzten fünf Jahren in ambulanter oder in den letzten zehn Jahren in stationärer Behandlung.**

  Unter Gesundheitsgesichtspunkten spricht nichts gegen den Wechsel in die private Krankenversicherung.

Kriterium 8:

- ☐ **Eines oder mehrere Familienmitglieder waren in den letzten fünf Jahren in ambulanter Behandlung. Dabei ging es um einmalig auftretende Gesundheitsstörungen.**

  oder

- ☐ **Eines oder mehrere Familienmitglieder waren in den letzten zehn Jahren in stationärer Behandlung. Dabei ging es um einmalig auftretende Gesundheitsstörungen.**

  Die Behandlung wegen einmalig auftretender Gesundheitsstörungen muss noch nicht bedeuten, dass eine private Krankenversicherung Sie nicht mehr nimmt.
  Sie sollten jedoch bei der Antragstellung besonders sorgfältig vorgehen: Beantworten Sie alle Fragen nach Ihrem Gesundheitszustand exakt und ehrlich. Falls Sie unsicher sind, können Sie gegebenenfalls mit Hilfe Ihres behandelnden Arztes den Antrag auf Krankenversicherung ausfüllen.
  Sie sollten nur dann einen Wechsel in die private Krankenversicherung in Erwägung ziehen, wenn Sie einen Versicherer finden, der Sie trotz Ihrer Vorerkrankungen ohne Risikoausschlüsse und/oder -zuschläge versichert. Bei Risikoausschlüssen besteht die Gefahr, dass Sie insbesondere bei im Alter wiederkehrenden Gesundheitsstörungen mit hohen Behandlungskosten rechnen

müssen, die nicht von Ihrer Versicherung übernommen werden.
Beitragszuschläge können dazu führen, dass Sie den Versicherungsschutz zum Beispiel im Ruhestand nicht mehr bezahlen können. Diese werden im gleichen Maß erhöht wie der »normale« Beitrag.

Kriterium 9:

□ **Eines oder mehrere Familienmitglieder waren in den letzten fünf Jahren in ambulanter Behandlung. Dabei ging es um Gesundheitsstörungen, die wiederkehren können.**
oder

□ **Eines oder mehrere Familienmitglieder waren in den letzten fünf Jahren in stationärer Behandlung. Dabei ging es um Gesundheitsstörungen, die wiederkehren können.**
Sie sollten nur dann eine Entscheidung für die private Krankenversicherung treffen, wenn man Sie ohne »Wenn und Aber« aufnimmt. Will man schon bei Vertragsbeginn bestimmte Risiken aus dem Versicherungsschutz herausnehmen, ist die private Krankenversicherung für Sie kein Thema.

Private Krankenversicherung

Art und Umfang der versicherten Leistungen der privaten Krankenversicherung hängen einerseits von Ihrem Absicherungswunsch, andererseits davon ab, welchen Beitrag Sie zahlen möchten.

Geht es Ihnen darum, einen möglichst geringen Beitrag zu zahlen, sollten Sie den ausgewählten Versicherer nach einem Tarif fragen, der ungefähr die Leistungen der gesetzlichen Krankenversicherung beinhaltet.

Dieses Vorgehen kann jedoch auf längere Sicht von Nachteil sein: Bei steigendem Alter und sich eventuell verschlechterndem Gesundheitszustand ist es meist nicht möglich, später in einen Tarif mit besseren Leistungen zu wechseln. Ist zum Beispiel in einigen Jahren aufgrund einer neuen Erkrankung zu befürchten, dass Krankenhausaufenthalte auf Sie zukommen, wird die Versicherung auch nicht gegen Beitragszuschläge bereit sein, die Chefarztbehandlung und die Unterbringung im Einzelzimmer zu vereinbaren.

Problematisch ist auch, dass Sie durch Vereinbarung eines Tarifs mit eingeschränkten Leistungen auf einem Teil der Behandlungskosten »sitzen bleiben« können. Als privat Versicherter schließen Sie mit Ihrem Arzt einen **privatrechtlichen Behandlungsvertrag** ab. Im Rahmen dieses Vertrages ist es dem Arzt gestattet, seinem Privatpatienten den bis zum 3,5fachen Satz einer Behandlungsgebühr zu berechnen, wenn seine Behandlung umfassender oder komplizierter war. Haben Sie aber mit Ihrem Versicherer lediglich den Ersatz entsprechend der gesetzlichen Krankenversicherung vereinbart, müssen Sie den Rest des Arzthonorars selbst tragen.

Sinnvoller ist es daher, einen Tarif zu wählen, der die Kosten für die ambulante und stationäre Behandlung vollständig abdeckt. Im Bereich der zahnärztlichen Versorgung sehen die Tarife in der Regel vor, dass nur ein prozentual fixierter Anteil der Kosten für einen Zahnersatz übernommen wird und häufig damit keine hundertprozentige Übernahme erfolgt.

Um trotz umfassender Leistungen einen möglichst geringen Beitrag zu zahlen, können Sie einen **Selbstbehalt** vereinbaren. Das bedeutet, dass Sie zum Beispiel die Kosten für die ambulante Behandlung bis zu einem vorher vereinbarten Betrag selbst tragen. Erst wenn dieser überschritten wird, setzen die Leistungen der Versicherung ein. Der Selbstbehalt bezieht sich auf das Jahr, nicht auf jede einzelne Behandlung. Übersteigen zum Beispiel die Behandlungskosten schon im März den Selbstbehalt, übernimmt die Gesellschaft für den Rest des Jahres die Kosten zu 100 Prozent.

Kommt es Ihnen eher auf die besseren (Service)Leistungen in der privaten Krankenversicherung an, können Sie zum Beispiel die Behandlung durch den Chefarzt im Einzelzimmer oder die Übernahme von Kurkosten vereinbaren.

Beiträge sparen durch Tarifwechsel

Wechsel im Vollkostentarif für Personen unter 40 Jahren zu einer anderen Gesellschaft

Alle paar Jahre – meist kurz vor oder nach Weihnachten – gibt es bei den privaten Krankenversicherern eine unschöne Bescherung: Sie erhöhen die Beiträge. Wenn Sie unter 40 Jahre alt und gesund sind, ist dies kein großes Problem. Sie sollten die Gesellschaft wechseln. Insbesondere dann, wenn bereits mehrere Beitragserhöhungen durchgeführt wurden. Zwar können Sie Ihre Altersrückstellungen nicht »mitnehmen«, wenn der Vertrag vor dem 1. Januar 2009 abgeschlossen worden ist. Aber Ihnen verbleibt bis zum Ruhestand noch genug Zeit, diese neu aufzubauen.

Wechsel nach Beitragserhöhungen für Personen ab 40 Jahren zu einer anderen Gesellschaft

Auf keinen Fall sollten Sie ab einem Alter von mehr als 40 Jahren den Verlockungen mancher Versicherer nachgeben, Ihren derzeitigen Vertrag zu kündigen und zu einer anderen Gesellschaft wechseln. In diesem Fall würde auch eine erneute Gesundheitsprüfung durchgeführt, und zur Prämienberechnung wird der Jetztzustand herangezogen.

Dies kann dazu führen, dass Vorerkrankungen mit einem hohen Risikozuschlag oder einem vollständigen Leistungsausschluss bedacht werden. Schon der ärztlich diagnostizierte Verdacht auf bestimmte Erkrankungen kann dazu ausreichen. Entweder steigen die Prämien, oder Ihr Versicherungsschutz nimmt ab.

Darüber hinaus raten wir von einem solchen Schritt ab, weil nach derzeitigem Recht die von Ihrer jetzigen Gesellschaft gebildeten Rücklagen zur Beitragsentlastung im Alter nicht auf die neue Gesellschaft übertragen werden können. Zwar kann der Versicherungsnehmer nach der Gesundheitsreform vom »alten« Versicherer verlangen, dass die Altersrückstellungen, die im Vollkostentarif für die darin enthaltenen Basisleistungen geschaffen wurden, übertragen werden. Dies gilt aber ausschließlich, wenn der gekündigte Vertrag nach dem 31.12.2008 begonnen hat.

Wechsel beim bisherigen Versicherer

Sie haben beim bisherigen Versicherer mehrere Möglichkeiten, Ihre Prämie zu senken.

Tarifwechsel bei gleichen Leistungen

Manche Gesellschaften haben in der Vergangenheit alte Versicherungstarife »geschlossen«, also nicht mehr angeboten, und hinzukommende – meist junge – Versicherte in neu geschaffene Tarife aufgenommen. Das bedeutete, dass die älteren Menschen sich dann nach und nach nur noch allein in diesen Tarifen befanden. Da ältere Menschen mehr und aufwendigere Behandlungen haben, wuchsen in diesen geschlossenen Tarifen die Behandlungskosten und damit die Beitragssätze überproportional an. Verlangen Sie unter Berufung auf das Versicherungsvertragsgesetz, dass man Sie aus diesen geschlossenen Tarifen in einen **aktuell angebotenen Tarif** mit gleichen Leistungen aufnimmt. Sie haben darauf einen Anspruch, der ausdrücklich gesetzlich geregelt ist.

Wechsel in Tarif mit besseren Leistungen

Ebenso haben Sie einen Anspruch, dass Ihr Vertrag unter Anrechnung der bisherigen Rechte und Altersrückstellungen in einem anderen Tarif mit besseren Leistungen weitergeführt wird, wenn zum Beispiel kein Tarif mit gleichen Leistungen angeboten wird.

In diesem Fall hat Ihr Versicherer allerdings das Recht, hinsichtlich der besseren Leistungen einen **Leistungsausschluss** oder einen **Risikozuschlag** gegebenenfalls mit zusätzlicher Wartezeit zu verlangen.

Den Risikozuschlag mit Wartezeit können Sie dadurch abwenden, dass Sie einen Leistungsausschluss akzeptieren.

Hinweis

Einen konkreten Preis-Leistungs-Vergleich für Sie selbst und Ihre Familie können Sie bei vielen Verbraucherzentralen erstellen lassen. Adressen finden Sie unter *www.verbraucherzentrale.de*. Die Stiftung Warentest bietet diesen Service unter *www.test.de* ebenfalls an.

Wechsel in den Standardtarif

(Vertragsschluss vor dem 1.1.2009)

Waren Sie vor dem 1.1.2009 Mitglied in der privaten Krankenversicherung, können Sie bei zu hohen Beitragszahlungen im derzeitigen Tarif in den Standardtarif wechseln. Das bedeutet, dass dann mit Einschränkungen nur noch die Leistungen versichert werden, die auch die gesetzlichen Krankenkassen ihren Versicherten anbieten. Die Einschränkungen sind recht vielfältig und können hier nicht abschließend aufgezählt werden. Wenn Sie vor der Entscheidung stehen, in den Standardtarif zu wechseln, sollten Sie sich unbedingt sowohl von Ihrem Versicherer als auch von Ihrer Verbraucherzentrale beraten lassen.

Allerdings ist ein solcher Wechsel nur dann sinnvoll, wenn Ihr behandelnder Arzt Sie auch als Privatpatient zum Satz der gesetzlichen Krankenkassen behandeln würde. Andernfalls besteht die Gefahr, dass Sie einen großen Anteil der ärztlichen Behandlungskosten selbst zu tragen haben. Die Standardtarife sehen in der Regel einen Kostenersatz in Höhe des 1,8fachen Gebührensatzes vor. Privatärztliche Behandlungen werden jedoch oftmals mit dem 2,3fachen bis 3,5fachen Satz berechnet. Finden Sie keinen Arzt, der bereit ist, zum 1,8fachen Satz abzurechnen, lohnt der Wechsel nicht.

Wechsel in den Basistarif
(Vertragsschluss ab dem 1.1.2009)

Sie haben sich nach dem 1.1.2009 privat versichert und müssen jetzt schon feststellen, dass Ihr Versicherer nicht mit dem Geld umgehen kann? Sie können aber aus Alters- oder Gesundheitsgründen nicht mehr in den Vollkostentarif eines anderen Anbieters wechseln oder in die Gesetzliche zurückkehren? Dann haben Sie zwar nicht mehr die Möglichkeit, in den zuvor beschriebenen preisgünstigen Standardtarif wechseln. Sie können aber vom jetzigen oder jedem beliebigen anderen Versicherer verlangen, dass man Sie im sogenannten Basistarif aufnimmt.

Beim Anbieterwechsel muss Ihr ehemaliger Versicherer dem neuen Versicherer die Altersrückstellungen überschreiben, die er für die Leistungen des Basistarifs zurückgelegt hat.

Der Basistarif enthält aber in der Regel nicht alle Leistungen, die Sie mit Ihrem »alten« Versicherer vereinbart hatten.
Sie können deshalb vom bisherigen Versicherer verlangen, diese Leistungen im Rahmen von Zusatzversicherungen weiter zu versichern. Betroffen davon sind beispielsweise die Unterbringung im Zwei-Bettzimmer, die Behandlung durch

den Chefarzt oder die Übernahme der Kosten für homöopathische Medizin. In diesem Zusatzvertrag müssen die nicht übertragbaren Altersrückstellungen angerechnet werden.

Allerdings gibt es mit diesem neuen Verfahren noch keine Erfahrungen. Wir raten, diesen unbekannten Weg nur zu gehen, wenn Sie nach den Vergleichtests zum Beispiel der Stiftung Warentest und Ihren eigenen Erfahrungen zu dem Ergebnis kommen, dass Ihr Versicherer zu teuer ist oder Leistungen nicht erbracht hat.

Der Wechsel in den Basistarif bedeutet derzeit einen Beitrag auf der Höhe des Höchstbeitrags in der gesetzlichen Krankenversicherung (rund 575 Euro seit Januar 2011; hinzu kommt der Beitrag für die Pflegepflichtversicherung).

Wenn Sie in einen Basistarif wechseln (müssen), informieren Sie unbedingt Ihren Arzt darüber. Denn Sie sind dann in einem Tarif, dessen Leistungen denen der Gesetzlichen entsprechen. Ihr Arzt ist verpflichtet, die Behandlungskosten anzupassen. Das ist in der Regel ein Kostenersatz in Höhe des 1,8fachen Gebührensatzes. Privatärztliche Behandlungen werden jedoch oftmals mit dem 2,3fachen bis 3,5fachen Satz berechnet.

Selbstbehalt vereinbaren oder erhöhen

Wenn Sie die bisher beschriebenen Wege nicht gehen können oder wollen, können Sie durch Vereinbarung eines Selbstbehalts beziehungsweise Erhöhung des Selbstbehalts auch Beiträge sparen. Die Vereinbarung eines Selbstbehalts bedeutet, dass Sie von den jährlich anfallenden Behandlungskosten zunächst einen bestimmten Betrag selbst zahlen. Erst wenn dieser Betrag überschritten wird, leistet die Versicherungsgesellschaft. Im Gegenzug dafür erhebt die Versicherungsgesellschaft einen geringeren Beitrag. Die Beitragsersparnis ist in der Regel erheblich größer als der Selbstbehalt.

Beispiel

Der Gesamtbeitrag beträgt ohne Selbstbehalt im Jahr:	5.100 €
Der Gesamtbeitrag beträgt mit Selbstbehalt im Jahr:	4.000 €
Der Selbstbehalt beträgt:	400 €

Selbst wenn Sie den gesamten Selbstbehalt ausschöpfen, sparen Sie im Jahr gegenüber dem Tarif ohne Selbstbehalt 700 Euro. Sollten Sie bereits einen Selbstbehalt vereinbart haben, lassen Sie sich dennoch ein Angebot für einen höheren Selbstbehalt machen. Wird der Vertrag im laufenden Versicherungsjahr umgestellt, lassen Sie sich genau informieren, wie hoch der Selbstbehalt konkret für dieses Jahr ist. Denn für dieses Versicherungsjahr setzt er sich aus einer »Mischung« der beiden Selbstbehalte zusammen.

3

Wie versichern Sie sich richtig ... um im Pflegefall ausreichend abgesichert zu sein?

Pflegepflichtversicherung

Nach Einführung des Pflegeversicherungsgesetzes ist jeder Krankenversicherte – sowohl der gesetzlich als auch der privat versicherte – automatisch auch in einer Pflegeversicherung. Sie bietet keine Vollversicherung für den Pflegefall, sondern nur eine **Grundsicherung**. Die familiäre Hilfe soll unterstützt und die Pflegebedürftigen sowie ihre Familien finanziell entlastet werden.

Die Pflegepflichtversicherung leistet abhängig davon, in welchem Umfang der Pflegebedürftige zu Hause oder im Heim Hilfe benötigt. Es gibt drei Pflegestufen, die der medizinische Dienst festlegt:

Pflegestufe I

Zu diesen Personen gehören **erheblich** Pflegebedürftige, die Hilfe benötigen

- mindestens ein Mal täglich und für wenigstens zwei Verrichtungen des täglichen Lebens, wie zum Beispiel Waschen und Anziehen und
- mehrmals wöchentlich zur Führung des Haushalts.

Pflegestufe II

Zu diesen Personen gehören **schwer** Pflegebedürftige, die Hilfe benötigen

- mindestens drei Mal täglich zu den verschiedenen Tageszeiten bei den Verrichtungen des täglichen Lebens und
- mehrmals wöchentlich zur Führung des Haushalts.

Pflegestufe III

- Zu diesen Personen gehören **schwerst** Pflegebedürftige, die Hilfe täglich rund um die Uhr benötigen.

Bei allen Pflegestufen ist neben der Art der Hilfe auch der Zeitfaktor zu berücksichtigen. Die Pflegekasse muss das Ergebnis ihrer Prüfung spätestens fünf Wochen nach Antragstellung auf Anerkenntnis der Pflegebedürftigkeit in Form eines Bescheids mitteilen. Beantragt ein pflegender Angehöriger Pflegezeiten, muss die Begutachtung des medizinischen Dienstes innerhalb von zwei Wochen erfolgen. Über das Ergebnis ist der Antragssteller unverzüglich zu informieren.

Die Höhe der Leistungen ist davon abhängig, ob der Pflegebedürftige in einem Heim ist oder ambulant von Fachkräften oder zu Hause von Angehörigen gepflegt wird. Die Leistungen der Pflege im Heim haben wir Ihnen in der Tabelle im nächsten Abschnitt einmal beispielhaft dargestellt.

Buchtipp

Weitere Informationen finden Sie in unserem Ratgeber »Pflegefall – was tun?«.

Private Pflegezusatzversicherungen

Wird man im Rentenalter pflegebedürftig, stehen in der Regel neben der Pflegeversicherung die Leistungen aus der gesetzlichen oder privaten Altersvorsorge zur Verfügung. In diesem Fall ist eine zusätzliche Pflegepolice nicht unbedingt nötig, wenn durch gesetzliche und private Vorsorge ausreichend Mittel zur Verfügung stehen. Anders sieht es für Personen aus, die in jüngeren Jahren zum Pflegefall werden.

Buchtipp

Ausführliche Hinweise zum Thema Pflegezusatzversicherungen finden Sie in unserem Ratgeber »Private Kranken- und Pflegezusatzversicherungen«.

Wenn Sie davon ausgehen, dass im Pflegefall eine Lücke zu schließen ist, sollten Sie eine private Pflegezusatzversicherung abschließen. Es werden vornehmlich zwei verschiedene Tarife angeboten.

Pflegetagegeldtarife leisten ein Pflegetagegeld, abhängig von der Pflegestufe und dem versicherten Tagessatz.

Pflegekostentarife bieten eine Kostenerstattung verbleibender Restkosten aus der Pflegepflichtversicherung. Bei diesem Tarif tragen Sie allerdings in der Regel einen Teil der Kosten weiterhin selbst, und es werden nur die Kosten professioneller Pflegedienste übernommen. Die Kosten anerkannter privater häuslicher Pflege durch Angehörige werden nicht ersetzt.

Falls Sie den Abschluss einer Pflegezusatzversicherung wünschen, raten wir Ihnen, den Pflegetagegeldtarif zu wählen. Das Tagegeld sollte in seiner monatlichen Summe so hoch bemessen sein, dass es die Lücke zwischen den

Leistungen aus der Pflegeversicherung und allen anderen Einnahmequellen (gesetzliche Rente oder betriebliche Altersvorsorge) einerseits und den Kosten für die Pflege, wie zum Beispiel Heimunterbringung, schließt.

3

Monatliche Ausgaben (Fixkosten) des Haushalts bei Pflegebedürftigkeit und Heimunterbringung während des Ruhestandes: Falls keine weiteren Personen im Haushalt leben, entfallen für den Pflegebedürftigen im Heim in der Regel die Ausgaben für Miete und Nebenkosten. Lebenshaltungskosten sind dann das Taschengeld, das Sie im Heim privat zu Verfügung haben und eventuell Sparbeträge, die Sie für private Anschaffungen zurücklegen.

Monatliche Fixkosten bei unterschiedlichen Pflegestufen

	Pflegestufe 1	Pflegestufe 2	Pflegestufe 3
Unterbringung Pflegeheim	1.915 €	2.341 €	2.766 €
Monatliche weitere Ausgaben	1.000 €	1.000 €	1.000 €
Gesamtbedarf	2. 915 €	3.341 €	3.766 €
Monatliches Einkommen (z. B. Altersrente)	1.000 €	1.000 €	1.000 €
Zahlung der gesetzlichen Pflegeversicherung	1.023 €	1.279 €	1.510 € (Härtefälle bis zu 1.825 €)
Gesamte Einkünfte	2.023 €	2.279 €	2.510 €
Monatliche Lücke im Pflegefall	892 €	1.062 €	1.256 €
Zu versicherndes Tagegeld im Pflegefall (monatlicher Betrag geteilt durch 30)	30 €	35 €	42 €

Quelle: Statistisches Bundesamt

Die Police für den Pflegegeldtarif sollte folgende Bedingungen erfüllen:

- Der Versicherer sollte automatisch leisten, wenn die private oder gesetzliche Pflegepflichtversicherung ihre Leistungspflicht anerkannt hat. Eine eigene Nachprüfungspflicht des Fortbestehens der Pflegebedürftigkeit durch den Versicherer sollte ausgeschlossen sein. Der Versicherer sollte sich verpflichten, sich der Prüfung des medizinischen Dienstes der Pflegeversicherung anzuschließen, damit keine belastenden Doppelprüfungen notwendig sind.
- Die Versicherungsgesellschaft darf sich nicht vorbehalten, den Vertrag in den ersten drei Jahren zu kündigen. Andernfalls besteht die Gefahr, dass die Versicherung den Vertrag aufhebt, wenn sie merkt, dass ein erhebliches gesundheitliches Risiko besteht.

Die meisten Versicherer verlangen eine **Wartezeit** von drei Jahren. Erst nach Ablauf dieser drei Jahre wird im Pflegefall Tagegeld bezahlt, auch wenn er bereits vorher eintritt. Meiden Sie zumindest Versicherer, die darüber hinaus noch eine Karenzzeit von 91 Tagen vereinbaren. Einige wenige Anbieter verlangen selbst im Pflegefall außerdem fortlaufende Beitragszahlungen. Zwar sind die Beiträge des Pflegetagegeldes nicht hoch; diese Gesellschaften sollten Sie dennoch meiden.

Wichtig ist es bei einer Pflegetagegeldversicherung, den Vertrag bei einem Versicherer abzuschließen, bei dem Sie unwiderruflich bei steigenden Pflegekosten ohne erneute Gesundheitsprüfung das Pflegegeld aufstocken können. Achten Sie jedoch auf mögliche Einschränkungen im Kleingedruckten.

So werden zum Beispiel von einigen Versicherern »Pflegeversicherungen ohne Gesundheitsprüfung« insbesondere Personen kurz vor ihrem fünfzigsten Geburtstag angeboten. Vom Abschluss einer solchen Versicherung raten wir eher ab, denn Leistungen werden nur nach einer Karenzzeit und erst bei Eintritt der »Pflegestufe III« erbracht.

Wählen Sie einen Versicherer, der möglichst wenig Kosten für seine Verwaltung und Vertreter aufwendet. Regelmäßige Preis-Leistungsvergleiche finden Sie in der Zeitschrift »Finanztest« der Stiftung Warentest.

4

Wie versichern Sie sich richtig … gegen vorübergehende Einkommensausfälle?

Einkommenslücke berechnen

Wenn Sie bereits seit mindestens fünf Jahren Beamter auf Lebenszeit sind, können Sie dieses Kapitel überspringen. Bei vorübergehender Dienstunfähigkeit erhalten Sie Ihre Bezüge in vollem Maße weiter.

Falls Sie krank werden und vorübergehend ausfallen, aber Ihr Haushaltseinkommen, etwa durch Krankengeld, Einkommen des Partners oder sonstige Einkünfte ausreicht, benötigen Sie keine Krankentagegeldversicherung und können das folgende Kapitel überspringen.

Sollten allerdings die Einkünfte nicht ausreichen, brauchen Sie unbedingt eine zusätzliche **Krankentagegeldversicherung**. Sie können sich die folgenden Berechnungen sparen, wenn Sie wissen, wie hoch Ihre Lücke ist.

Wenn Sie nicht wissen, wie viel Geld Ihnen fehlt, führen Sie mit den nachfolgenden Tabellen eine Berechnung der monatlichen Ausgaben und Einnahmen durch. Prüfen Sie, ob Sie sich zusätzlich absichern müssen.

1. Schritt: Monatliche Fixkosten

Selbstständige sollten die Firmenkosten nicht vergessen und in Position 7 bis 11 eintragen.

Tabelle 1: Die monatlichen Fixkosten

	Kostenart	€
1	Miete privat	
2	Nebenkosten privat	
3	Darlehen privat	
4	Lebenshaltungskosten	
5	Versicherungen privat	
6	Sonstige Ausgaben privat	
7	Miete Firma	
8	Nebenkosten Firma	
9	Lohn/Gehalt Firma	
10	Versicherungen Firma	
11	Sonstige Ausgaben Firma	
12	Gesamtsumme Fixkosten	

2. Schritt: Krankengeld für Mitglieder der gesetzlichen Krankenversicherung

Wenn Sie in der gesetzlichen Krankenversicherung pflichtversichert sind, erhalten Sie nach Fortfall der Lohnfortzahlung Krankengeld. Dies gilt in der Regel auch bei freiwillig gesetzlich Krankenversicherten. Selbstständige in der gesetzlichen Krankenversicherung erhalten ein Krankengeld nur dann, wenn es ausdrücklich vereinbart ist.

Berechnen Sie nun zunächst Ihr Krankengeld. Fügen Sie den gefundenen Wert in der folgenden Tabelle 2 in Zeile 2 in den beiden freien Kästchen ein.

Tabelle 2: Berechnung des Krankengeldes *

	Beispiel	Frau	Mann
Monatliches Bruttoeinkommen	6.450 €		
Monatliches Nettoeinkommen	4.600 €		
90 % vom netto	4.140 €		
70 % vom brutto	4.515 €		
Ihr Krankengeld	4.140 €		

* Das Krankengeld beträgt 70 Prozent des Bruttoeinkommens, höchstens aber 90 Prozent des Nettoverdienstes.

Nicht alle Einkommensausfälle bei Krankheit oder Arbeitsunfähigkeit führen gleich zum finanziellen Ruin. Oft sind insbesondere bei vorübergehenden Erkrankungen die Folgen zu verkraften und keine Versicherungen notwendig. Bevor Sie also »zur Sicherheit« eine Tagegeldversicherung abschließen, prüfen Sie anhand der nachfolgenden Tabelle, ob und in welcher Höhe Einkommensausfälle versichert werden müssen.

Steht in Zeile 6 von Tabelle 3 ein Minus vor dem Endergebnis? Dann haben Sie eine Einkommenslücke bei vorübergehender Arbeitsunfähigkeit. Der Abschluss einer Krankentagegeldversicherung ist für Sie besonders wichtig. Diese Versicherung zahlt bei vorübergehender Arbeitsunfähigkeit das vereinbarte Tagegeld, um so Ihr Einkommen zu sichern.

Tabelle 3: Berechnung der finanziellen Situation bei vorübergehender Arbeitsunfähigkeit				
	Frau mit Krankengeld	Frau nach Ablauf bzw. ohne Krankengeld	Mann mit Krankengeld	Mann nach Ablauf bzw. ohne Krankengeld
1 Krankengeld				
2 Kindergeld				
3 sonstige Einnahmen				
4 Gesamtsumme der Einkünfte				
5 abzüglich Fixkosten (Tabelle 1, Seite 69)				
6 Einkommenssituation bei vorübergehender Arbeitsunfähigkeit				

Krankentagegeldversicherung

Die Krankentagegeldversicherung soll dazu dienen, Einkommenseinbußen infolge von Arbeitsunfähigkeit wegen Krankheit oder Unfalls durch Zahlung eines Tagegeldes aufzufangen. Die Verpflichtung zur Zahlung des Krankentagegeldes entsteht, wenn Ihr Arzt im Rahmen einer medizinisch notwendigen Heilbehandlung feststellt und bescheinigt, dass Sie voraussichtlich vorübergehend Ihren Beruf nicht ausüben können und auch tatsächlich nicht ausüben. Dauert die Arbeitsunfähigkeit über einen längeren Zeitraum an, müssen gerade Freiberufler und Selbstständige damit rechnen, dass die Versicherer häufig prüfen, ob sie auch nicht eine Handreichung in ihrer Firma durchführen.

Der Begriff **»medizinisch notwendige Heilbehandlung«** im Sinne der Krankentagegeldversicherung ist sehr weit gefasst. Darunter fällt jede Art der Heilbehandlung, die geeignet ist, die Gesundheit des Versicherten wiederherzustellen. Dies gilt selbst dann, wenn Sie sich in eine stationäre Behandlung begeben, obwohl eine ambulante Behandlung den gleichen Erfolg hätte. Diese weite Auslegung gilt aber nur im Rahmen einer Krankentagegeldversicherung. Sie ist nicht übertragbar auf die Kranken**haus**tagegeldversicherung oder die Krankenvollversicherung.

Der Versicherte erhält die vereinbarten Tagegeldzahlungen. Anders als in der Kranken**haus**tagegeldversicherung ist allerdings die Höhe des versicherbaren Krankentagegeldes begrenzt. Das Tagegeld darf das tägliche Nettoeinkommen zusammen mit anderen Krankentagegeldern oder Krankengeldern nicht überschreiten. Das tägliche Nettoeinkommen wird berechnet aus dem Durchschnittsverdienst der letzten zwölf Monate vor Eintritt der Arbeitsunfähigkeit.

Selbstständige können den erzielten Gewinn, das heißt die Einkünfte, aber nicht die Einnahmen versichern. Zur Ermittlung des versicherbaren Einkommens von Selbstständigen wenden Versicherer unterschiedliche Regelungen an.

Die Zahlung selbst setzt voraus, dass die Arbeitsunfähigkeit durch einen approbierten niedergelassenen Arzt beziehungsweise durch ein Krankenhaus bestätigt wird. Wird die medizinisch notwendige Heilbehandlung in einem Krankenhaus durchgeführt, in dem auch Kuren und Sanatoriumsbehandlungen angeboten werden, setzt die Zahlung darüber hinaus die vorherige schriftliche Zusage durch die Gesellschaft voraus.

Der Versicherungsnehmer hat dem Versicherer die Bescheinigung des Arztes unverzüglich vorzulegen, spätestens bis zum Ablauf der jeweils im Tarif bestimmten Frist.

Hinweis

Bei der Verbraucherzentrale Rheinland-Pfalz e.V. sind erste Beschwerden aufgetaucht, dass Versicherer trotz ärztlicher Bescheinigung nicht zahlen wollten. Begründet wurde dies damit, dass nicht mehr die übliche gelbe Arztbescheinigung anerkannt werde, sondern nur das eigene hausinterne Formular der Versicherung.

Unverzüglich bedeutet, dass die Schadensmeldung ohne schuldhaftes Zögern weitergeleitet wird. Es kommt also immer auf den Einzelfall an, ob eine spätere Meldung als schuldhaft oder unverschuldet verzögert einzustufen ist. Ist zum Beispiel nach einem Unfall die versicherte Person außerstande, sich selbst zu äußern, und wissen auch die Angehörigen nichts von dem Vertrag, ist auch eine Meldung zwei Wochen nach Beginn der Arbeitsunfähigkeit nicht als verspätet anzusehen. Andersherum ist es jedem zumutbar, über eine ambulante Behandlung und die dort festgestellte Arbeitsunfähigkeit den Versicherer spätestens am dritten Tag zu informieren. Geht die Meldung verspätet ein, wird erst ab Eingang beim Versicherer das Tagegeld gezahlt.

Ausschlüsse trotz Arbeitsunfähigkeit

Keine Versicherung ohne Ausschlüsse. Auch dann, wenn der Arzt Ihnen Arbeitsunfähigkeit bescheinigt, wird nicht immer Tagegeld gezahlt.

Bei Beginn des Vertrages gelten zunächst einmal **Wartezeiten**. Die allgemeine Wartezeit beträgt drei Monate vom Beginn des Versicherungsvertrages an gerechnet. Sie gilt nicht bei Unfällen. Für Psychotherapie, Zahnbehandlung, Zahnersatz und Kieferorthopädie gilt eine Wartezeit von acht Monaten.

Wenn Sie aus der gesetzlichen Krankenversicherung ausgeschieden und in eine private Krankenversicherung übergetreten sind, wird während der Wartezeiten Tagegeld bis zur Höhe des Krankengeldanspruchs aus der gesetzlichen Krankenversicherung gezahlt. Dies kann im schlimmsten Fall dazu führen, dass trotz ausreichend hoch versichertem Tagegeld eine Einkommenslücke entsteht.

Arbeitsunfähigkeit ist auch nicht versichert, wenn sie vorsätzlich oder durch Alkoholgenuss bedingte Bewusstseinsstörung herbeigeführt oder durch Kriegsereignisse verursacht wurde. Auch ausschließlich auf Schwangerschaft beruhende Arbeitsunfähigkeit sowie Zeiträume von Kur- beziehungsweise Sanatoriumsbehandlung sind nicht automatisch mitversichert.

Die Tagegeldzahlung entfällt außerdem, wenn Sie in Ihrem Beruf zu mindestens 50 Prozent auf nicht absehbare Zeit arbeitsunfähig und damit berufsunfähig im Sinne der Krankentagegeldversicherung sind.

»Nicht absehbar« ist der Zeitraum der Berufsunfähigkeit eigentlich erst, wenn nach der medizinischen Erfahrung und Ausschöpfung aller medizinischen Heilversuche feststeht, dass keine Aussicht auf Genesung besteht. Diese Prognose ist oft unmöglich. Niemand kann vorhersagen, welche medizinischen Möglichkeiten die Zukunft bringt. Die Rechtsprechung sieht dieses Tatbestandsmerkmal dann als erfüllt an, wenn die versicherte Person voraussichtlich über einen Zeitraum von drei Jahren erwerbsunfähig sein wird.

Der Begriff der »Berufsunfähigkeit« wird in den Versicherungsbedingungen der Anbieter von Krankentagegeldversicherungen häufig anders definiert als in den Standardbedingungen der privaten Berufsunfähigkeitsversicherung und in der gesetzlichen Sozialversicherung.

Nach den Standardbedingungen der privaten Berufsunfähigkeitsversicherung liegt Berufsunfähigkeit erst vor, wenn Sie außerstande sind, Ihren Beruf oder eine andere Tätigkeit auszuüben, die Sie aufgrund Ihrer Kenntnisse und Fähigkeiten ausüben könnten und die Ihrer bisherigen Lebensstellung entspricht.

Beispiel

Ein Zimmermann zieht sich bei einem Sturz vom Bau schwere Verletzungen zu. Nach langwierigen Behandlungen und mehreren Operationen steht nach einem Jahr endgültig fest, dass er seinen Beruf nie wieder ausüben kann. Dauerhafte Schäden an der Wirbelsäule lassen eine schwere körperliche Tätigkeit nicht mehr zu. Die Krankentagegeldversicherung stellt danach ihre Zahlungen ein. Der ehemalige Zimmermann stellt nun einen Antrag auf Rente bei seiner privaten Berufsunfähigkeitsversicherung. Diese lehnt ihre Zahlungen mit der Begründung ab, der Versicherungsnehmer könne mit seinen Kenntnissen und Fähigkeiten noch eine Tätigkeit in der Abteilung Hausbau im Baumarkt ausüben. Nach den mit ihr vereinbarten Standardbedingungen sei sie in diesem Fall nicht zur Zahlung verpflichtet.

In diesem Fall hat die Versicherungsgesellschaft leider recht. Es kommt nicht einmal darauf an, ob der Zimmermann überhaupt eine Stelle bekommt.

Die Krankentagegeldversicherung zahlt nicht mehr ab dem Zeitpunkt, an dem der Arzt die **endgültige Arbeitsunfähigkeit** des Versicherten festgestellt hat. Der – vielleicht auf einen späteren Zeitpunkt datierte – Bescheid des Sozialversicherungsträgers gilt nicht. Eine Einschränkung gibt es jedoch in diesem Fall, um soziale Härten auszugleichen. Ist zunächst Tagegeld gezahlt worden, weil Versicherer und Versicherter davon ausgingen, dass nur eine vorübergehende Arbeitsunfähigkeit bestehen würde, muss die Versicherung noch drei Monate weiterzahlen, wenn der Arzt festgestellt hat, dass nunmehr endgültige Berufsunfähigkeit im Sinne der Bedingungen eingetreten ist.

Anders sieht es aus, wenn bereits bei erster ärztlicher Untersuchung feststeht, dass die versicherte Person auf nicht absehbare Zeit in ihrem konkret ausgeübten Beruf erwerbsunfähig ist. Dann entsteht von Beginn an keine Leistungsverpflichtung für die Versicherung, und sie muss auch nicht noch drei Monate nach Bestätigung der Berufsunfähigkeit Tagegeldzahlungen erbringen.

Wenn Sie eine Berufsunfähigkeitsversicherung benötigen, wählen Sie einen Vertrag mit den neuen verbesserten Bedingungen. Sonst kann es geschehen, dass Sie plötzlich ohne Einkommen dastehen und auch noch die Beträge für alle Versicherungen zahlen müssen: Die Krankentagegeldversicherung stellt ihre Leistungen ein, weil Sie berufsunfähig im Sinne ihrer Bedingungen sind. Aber die Berufsunfähigkeitsversicherung mit Standardbedingungen zahlt noch nicht, weil dort die Messlatte für Leistungen wesentlich höher aufgehängt ist.

Krankentagegeldversicherung – pro und contra

Ein **Vorteil** der Krankentagegeldversicherung ist – im Gegensatz zu vielen anderen Versicherungsverträgen – dass sehr genau definiert ist, wann das Tagegeld erbracht wird. Im Übrigen ist es eine der wenigen Versicherungsarten, bei der schon die Einhaltung weniger Sorgfaltspflichten gewährleistet, dass die Leistungen zeitnah erfolgen und so Einkommenseinbußen vermieden werden.

Nachteilig ist, dass die in diesem Versicherungsbereich verwandte Definition der Berufsunfähigkeit und die damit verbundene Beendigung der Zahlungspflicht dazu führen können, dass Personen ohne gesetzliche Absicherung plötzlich einkommenslos dastehen, weil Berufsunfähigkeit im Sinne der Tagegeldversicherung vorliegt, aber Berufsunfähigkeit im Sinne der Standardbedingungen der privaten Berufsunfähigkeitsversicherung noch nicht.

Diese Lücke ist für bestehende Berufsunfähigkeitsversicherungen nicht zu schließen, wenn sie auf den Standardbedingungen beruhen und keine kundenfreundlichere Definition von Berufsunfähigkeit vorsehen. Wenn überhaupt – kann man sie durch Abschluss einer

Beispiel

Wird ein Versicherter beispielsweise aufgrund einer Herz-Kreislauferkrankung in einem »normalen« Krankenhaus behandelt, erhält er für diese Zeit Tagegeld. Wird er aber im Rahmen der notwendigen medizinischen Heilbehandlung in einer sogenannten gemischten Anstalt – das sind Krankenhäuser, die neben der medizinisch notwendigen Heilbehandlung auch Kur- und Sanatoriumsbehandlungen durchführen – weiterbehandelt, dann sehen die Versicherungsbedingungen vor, dass die versicherte Person nur das Tagegeld erhält, wenn die Leistungszusage vorher schriftlich durch die Versicherung erfolgt ist. Viele Versicherte kennen diese Versicherungsbestimmung nicht und glauben, dass das Tagegeld auch für die Anschlussbehandlung gezahlt wird, weil ja schon für den »normalen« Krankenhausaufenthalt Krankentagegeld bezahlt wurde.

Die Wirksamkeit dieses Ausschlusses ist in der Krankentagegeldversicherung – anders als in der Krankenvollversicherung – umstritten. Lassen Sie sich unbedingt von Ihrer Verbraucherzentrale oder durch einen Anwalt beraten, wenn Ihr Versicherer nicht zahlen will.

neuen Berufsunfähigkeitsversicherung zu verbesserten Bedingungen, wie sie weiter unten beschrieben werden, schließen.

Tipps vor Vertragsabschluss

- Passen Sie das Tagegeld genau der Lücke zu Ihren Fixkosten an. Wenn zum Beispiel im Krankheitsfall das Einkommen des Partners und das Krankengeld der gesetzlichen Krankenversicherung ausreichen, um die Fixkosten zu decken, benötigen Sie als abhängig Beschäftigter ein Krankengeld frühestens ab der 78. Woche der Krankheit. Solange wird das Krankengeld aus der gesetzlichen Versicherung gezahlt.
- Sind Sie selbstständig und freiwillig in der gesetzlichen Krankenversicherung, prüfen Sie, ob auch hier eine Krankengeldzahlung Teil Ihres Vertrages ist.
- Unabhängig davon, ob Sie privat oder gesetzlich krankenversichert sind, gilt das Bereicherungsverbot in der Krankentagegeldversicherung. Die Summe der Tagegeldzahlungen darf Ihr Nettoeinkommen nicht übersteigen.
- Gesetzlich Krankenversicherte sollten das Nettoeinkommen zuzüglich der Sozialversicherungsabgaben für die Rentenversicherung absichern. Um sicher zu gehen, dass die Versicherung später nicht behauptet, Sie hätten sich überversichert, sollten Sie schon im Versicherungsantrag vermerken, dass sich das von Ihnen abgesicherte Tagegeld aus der Summe vom Nettoeinkommen und den Abgaben zusammensetzt.
- Staffeln Sie Ihren Vertrag. Wenn zum Beispiel erst nach Ablauf des Krankengeldes eine Einkommenslücke besteht, schließen Sie nur einen Anschlussvertrag ab.
- Ein besonderes Problem haben Selbstständige, wenn sie einen guten Steuerberater haben. Dieser ist in der Regel in der Lage, das Einkommen seines Mandanten

aus steuerlichen Gründen möglichst niedrig zu halten. Dies wird aber in der Krankentagegeldversicherung zum Bumerang. Es gilt das sogenannte Bereicherungsverbot. Der Versicherte darf kein Tagegeld versichern, das über seinem durchschnittlichen Nettoeinkommen liegt.

- Selbstständige sollten daher unbedingt darüber nachdenken, eine sogenannte **Betriebsunterbrechungsversicherung** abzuschließen. Diese wird nur von sehr wenigen Maklern angeboten. Da die Konditionen und Preise sehr unterschiedlich sind, sollten Sie besonders auf das Kleingedruckte achten. Hinweise auf entsprechende Deckungskonzepte finden Sie im Internet zum Beispiel unter *www.finanzforum.de*.
- Selbständige sollten prüfen, ab wann für sie ein Tagegeld frühestens unverzichtbar ist und ob es gegebenenfalls reicht, es in der Höhe zu staffeln. Wird beispielsweise eine Zahlung ab dem ersten Tag und ein immer gleich hohes Tagegeld vereinbart, so ist dafür die Prämie wesentlich höher, als wenn man die Zahlung ab dem 10. Tag und ein nach Fortdauer der Erkrankung gestaffeltes Tagegeld vereinbart.

Ihr Vertrag sollte unbedingt folgende Leistungen beinhalten:

- Das Tagegeld sollte entsprechend Ihrem Einkommen ohne erneute Gesundheitsprüfung ansteigen können. Auch dann, wenn sich Ihr Gesundheitszustand zwischenzeitlich verschlechtert hat.
- Nach einer Erhöhung sind keine weiteren Wartezeiten fällig.
- Die Tagegeldversicherung zahlt auch bei Komplikationen während einer Schwangerschaft außerhalb der Mutterschutzfristen.

Hinweis

Ein gesondertes Krankenhaustagegeld sollten Sie nicht vereinbaren, da das Krankentagegeld in ausreichender Höhe bemessen sein sollte und im Krankenhaus im Normalfall keine erhöhten Lebenshaltungskosten entstehen.

4

- Der Versicherer verzichtet auf sein normales Kündigungsrecht, wenn Sie gleichzeitig bei ihm eine Krankenvollversicherung haben. Andernfalls könnte er zum Beispiel bei verschlechtertem Gesundheitszustand in den ersten drei Jahren der Vertraglaufzeit jährlich kündigen.
- Das Tagegeld wird auch dann gezahlt, wenn die Arbeitsunfähigkeit alkoholbedingt ist.

5

Wie versichern Sie sich richtig … gegen die finanziellen Lücken bei Berufsunfähigkeit?

Niedrige gesetzliche Rente

Haben Sie und/oder andere berufstätige Personen Ihres Haushalts aus gesetzlichen oder sonstigen Geldquellen so hohe Einkünfte, dass die in der Tabelle auf Seite 69 berechneten Fixkosten abgedeckt sind – falls Sie dauerhaft berufsunfähig werden?

Falls ja, sollten Sie dennoch zunächst unsere nachfolgenden Hinweise zur gesetzlichen Erwerbsminderungsrente lesen und dann Ihre Einkünfte berechnen. So können Sie leichter entscheiden, ob und welchem Maße Sie sich möglicherweise doch zusätzlich absichern müssen.

Seit dem 1. Januar 2001 wird in der gesetzlichen Rentenversicherung nicht mehr zwischen Berufs- und Erwerbsunfähigkeit unterschieden. Nunmehr wird geprüft, ob eine **Erwerbsminderung** vorliegt.

Nur wer dem Arbeitsmarkt nicht einmal mehr drei Stunden am Tag zur Verfügung steht, bekommt die volle Erwerbsminderungsrente. Eine anteilige Rente erhält, wer maximal noch sechs Stunden arbeiten kann.

Was auf den ersten Blick klar und einleuchtend wirkt, könnte durch einen weiteren Passus im Gesetz für viele zum finanziellen Ruin führen: Die Prüfung, ob und wie viel Stunden täglich Sie dem Arbeitsmarkt zur Verfügung stehen können, berücksichtigt weder die Arbeitsmarktlage noch Ihren ausgeübten Beruf. Es wird allein geprüft, ob Sie noch mehr als drei oder sechs Stunden irgendeiner Tätigkeit nachgehen können. Nur für Personen, die vor dem 2. Januar 1961 geboren sind, gilt ein Vertrauensschutz hinsichtlich der zumutbaren Tätigkeiten. Sie können nur auf solche

Berufe verwiesen werden, die ähnliche Anforderungen stellen wie der bisherige Beruf, und erhalten ansonsten eine Erwerbsminderungsrente wegen Berufsunfähigkeit. Mit anderen Worten: Verliert heute ein hoch spezialisierter Chirurg mit 35 Jahren bei einem Unfall einen Arm, kann er theoretisch immer noch ganztags an der Pforte des Krankenhauses arbeiten. Kein Grund also für eine Rente – auch wenn genügend gesunde Personen für diesen Job zur Verfügung stehen.

Zugegeben, das Beispiel ist vielleicht etwas weit hergeholt. Aber es zeigt, dass grundsätzlich jeder darüber nachdenken sollte, wie eine zusätzliche private Versicherung für den Fall dauerhafter Arbeitsunfähigkeit aussehen sollte.

Prüfen Sie anhand der nachfolgenden Tabelle, ob in Ihrem Fall Einkommenslücken bei dauerhafter Arbeitsunfähigkeit bestehen und wie hoch sie sind. Dabei sollten Sie auch Ihre Ausgaben für die private Altersvorsorge mit berücksichtigen, damit diese auch für den Fall von Berufsunfähigkeit weiter angespart werden können.

Tipp

Auf der Website *www.deutsche-rentenversicherung.de* **können Sie unter »Online-Rechner im Überblick« eine Berechnung der Höhe Ihrer gesetzlichen Rentenansprüche vornehmen.**

Zur Ermittlung des Versicherungsbedarfs kann folgende Tabelle helfen:

Wirtschaftlich unabhängige Single und Partner		
	Feste monatliche Ausgaben (siehe Tabelle Seite 69)	€
+	Ausgaben für die private Altersvorsorge	€
–	gesetzliche Rentenansprüche (halbe Erwerbsminderungsrente)	€
–	Ansprüche aus betrieblicher Altersvorsorge	€
–	sonstige Einnahmen, die unabhängig vom Einkommen erzielt werden (Miete, Zinsen...)	€
=	Versicherungsbedarf	€

Wirtschaftlich voneinander abhängige Partner oder Familien		
	Feste monatliche Ausgaben (siehe Tabelle Seite 69)	€
+	Ausgaben für die private Altersvorsorge	€
–	gesetzliche Rentenansprüche (halbe Erwerbsminderungsrente)	€
–	Ansprüche aus betrieblicher Altersvorsorge	€
–	Einkommen des Partners	€
–	sonstige Einnahmen, die unabhängig vom Einkommen erzielt werden (Miete, Zinsen...)	€
=	Versicherungsbedarf	€

Die Absicherung ist mit verschiedenen Versicherungen möglich, die wir Ihnen zunächst einmal tabellarisch gegenüberstellen:

	Versicherung				
	Berufsunfähigkeit	Erwerbsunfähigkeit	Grundfähigkeit	Unfall	Dread Disease
Voraussetzung	Voraussichtlich dauernde Unfähigkeit, im ausgeübten Beruf zu arbeiten	Unfähigkeit, irgendeinem Beruf in nennenswertem Umfang regelmäßig nachzugehen, »400-Euro-Job«	Unfähigkeit, bestimmte körperliche Grundfähigkeiten durchzuführen, zum Beispiel Hören, Sprechen, Laufen	Dauerhafte Beeinträchtigung der körperlichen oder seelischen Leistungsfähigkeit	Eintritt bestimmter Erkrankung
Ursache	Krankheit, Unfall, Kräfteverfall	Krankheit, Unfall, Kräfteverfall	Krankheit, Unfall, Kräfteverfall	Unfall	Krankheit Unfall Kräfteverfall
Hauptleistung	Rente	Rente	Rente	Einmalige Abfindung oder Rente	Rente

Berufsunfähigkeitsversicherung

Wie Sie schon in der einleitenden Übersicht gesehen haben, bietet die Berufsunfähigkeitsversicherung den umfassendsten Schutz. Sie unterscheidet nicht zwischen den Ursachen der Berufsunfähigkeit. Bevor Sie jedoch mit dem nächstbesten Versicherungsvertreter einen Termin vereinbaren oder im Internet auf »Vertrag jetzt abschließen« klicken, sollten Sie sich unbedingt über die Leistungen und Bedingungen dieser Police informieren. Denn es gibt Anbieter, deren Tarife dem oben beschriebenen gesetzlichen Modell sehr nahe kommen und Assekuranzen, die die Forderungen der Verbraucherorganisationen nach einem umfassenden Schutz so gut erfüllen, dass sie von der Stiftung Warentest mit dem Prädikat »sehr gut« bewertet worden sind. Hinzu kommen Preisunterschiede von bis zu 100 Prozent – bei gleichen Leistungen.

Die Berufsunfähigkeitsversicherung erbringt die versicherten Leistungen wie zum Beispiel eine Rentenzahlung, wenn der Versicherte »berufsunfähig« im Sinne der Versicherungsbedingungen ist. Je nach Versicherungsbedingungen wird der Begriff »Berufsunfähigkeit« jedoch äußerst unterschiedlich definiert.

Damit ein Vertrag wirklich verlässlichen Schutz bietet, müssen mindestens folgende Punkte erfüllt sein:

- Die Rente wird gezahlt, wenn der Versicherte in seinem bei Eintritt der Berufsunfähigkeit ausgeübten Beruf nicht mehr zu mindestens 50 Prozent tätig sein kann. Es wird auf die Prüfung verzichtet, ob er mit seinen Kenntnissen und Fähigkeiten beziehungsweise seiner Erfahrung und Ausbildung noch eine andere Tätigkeit ausüben könnte (sogenannter Verweisungsverzicht).

- Für die Einstufung einer Arbeitsunfähigkeit als dauerhafte Berufsunfähigkeit genügt es, wenn der Versicherte voraussichtlich sechs Monate nicht berufstätig sein kann oder dieser Zeitraum schon verstrichen ist. Die Rente wird dann rückwirkend ab dem ersten Tag dieses Sechs-Monatszeitraums gezahlt.
- Bei verspäteter Meldung wird die Rente mindestens drei Jahre lang rückwirkend gezahlt.
- Bei der regelmäßigen Nachprüfung der Berufsunfähigkeit wird die Rente auch nicht entzogen, wenn der Versicherte nach Auffassung der Gesellschaft wieder arbeiten könnte, sondern erst dann, wenn er zum Beispiel nach einer Umschulung tatsächlich wieder arbeitet und ein vergleichbares Einkommen erzielt.
- Die Versicherung verzichtet darauf, den Vertrag zu kündigen oder die Beiträge anzuheben, wenn sich später herausstellt, dass der Versicherte ohne sein Verschulden ihm bekannte Vorerkrankungen nicht angegeben hat. Dies kann zum Beispiel dadurch passieren, dass der Versicherer gar nicht danach gefragt hat.

Je nach vertraglicher Gestaltung gibt es verschiedene **Leistungsvarianten**: Wird der Vertrag als selbstständige Versicherung gegen Berufsunfähigkeit abgeschlossen, erhält die versicherte Person im Fall der Berufsunfähigkeit die vereinbarte Rente. Diese wird gezahlt, solange Berufsunfähigkeit im Sinne der Bedingungen vorliegt, längstens bis zum Ende des Versicherungsvertrages. Wird der Vertrag an eine Risiko- oder Kapitallebensversicherung gekoppelt, kann er entweder eine Beitragsbefreiung für die Hauptversicherung beinhalten oder zusätzlich zur Beitragsbefreiung noch die Zahlung der Rente in der soeben geschilderten Weise.

Einige Gesellschaften zahlen eine Übergangshilfe. Hat die versicherte Person erstmals Anspruch auf eine Rentenzahlung wegen Berufsunfähigkeit, erhält sie zusätzlich eine einmalige Übergangshilfe, wenn der Vertrag noch mindestens fünf volle Versicherungsjahre läuft. Es gibt auch Versicherer, die zusätzlich Soforthilfen, Fortbildungs- oder Rehamaßnahmen, Sonderregelungen bei Umschulungen oder sogar eine lebenslange Rente anbieten.

[ ] **Tipp**

Bei Ihren Überlegungen zur Höhe der benötigten Berufsunfähigkeitsrente sollten Sie darauf achten, dass die Beiträge, die Sie für die Familienabsicherung oder Altersvorsorge aufwenden, auch nach Eintritt der Berufsunfähigkeit weiter gezahlt werden müssen.

Wählen Sie die **Laufzeit des Vertrages** bis zum Eintritt in den Altersruhestand. Also je nach Rentenbeginn bis zum 67. Lebensjahr. So sind Sie auch bei frühzeitigem Eintritt der Berufsunfähigkeit bis zum Eintritt in den Ruhestand abgesichert. Sollten Sie zum Beispiel durch Erbschaft oder Lottogewinn später den Versicherungsschutz nicht mehr oder nur noch teilweise benötigen, können Sie die versicherten Leistungen jederzeit kürzen oder den Vertrag ganz kündigen.

Achtung Datensammler

In der Versicherungswirtschaft gibt es ein **Hinweis- und Informationssystem (HIS)**, das zur Risikoprüfung und zur Prüfung im Leistungsfall bei den Versicherungen genutzt wird. Dieses System wird auch Wagnisauskunft und UNIWAGNIS-System (alte Bezeichnung) bezeichnet. Dort werden unter anderem bestimmte Daten zur Antragsbearbeitung gesammelt. Dies hat zur Folge, dass Personen, die zum Beispiel wegen Vorerkrankungen bei einer Gesellschaft abgelehnt wurden, häufig auch bei allen anderen Anbietern abgelehnt werden. Man kann es zwar nicht beweisen, aber der Verdacht drängt sich auf, dass hier nach dem Motto verfahren wird: ein Mal abgelehnt – immer abgelehnt.

Dabei beurteilen die Versicherer gleichartige Vorerkrankungen und die damit verbundenen Risiken durchaus unterschiedlich. Tests haben gezeigt, dass ein und dieselbe Person bei identischen Angaben mal einen Vertrag bekommen hätte, bei anderen Gesellschaften einen Risikozuschlag hätte bezahlen müssen und bei wieder anderen Versicherern ganz abgelehnt worden wäre.

Wenn auch Sie befürchten, Probleme beim Abschluss wegen Vorkrankungen zu bekommen oder wenn Sie den Datensammlern keine Chance geben wollen, sollten Sie so vorgehen:

- Lassen Sie zunächst von Ihrer Verbraucherzentrale oder der Stiftung Warentest einen **Preis-Leistungs-Vergleich** erstellen.
- Starten Sie dann über das Internet eine **Risikovoranfrage**. Dahinter verbirgt sich folgendes System: Versicherungsmakler, die diverse Gesellschaften vertreten, legen diesen eine Anfrage vor, die zwar den Umfang des gewünschten Versicherungsschutzes und die Angaben zu Vorerkrankungen enthält, die aber so weit anonymisiert ist, dass eine Speicherung beziehungsweise Zuordnung zu Ihnen als Person nicht möglich ist.
- Erst, wenn eine Gesellschaft erklärt, dass und zu welchen Konditionen sie den Vertrag anbietet, schauen Sie in den Preis-Leistungs-Vergleich und entscheiden dann, ob Sie dem Vertragsabschluss zustimmen. Diese Vorgehensweise wird von mehreren Firmen angeboten. Sie finden sie, wenn Sie in einer Internet-Suchmaschine die

Worte »Risikovoranfrage« und »Berufsunfähigkeitsversicherung« eingeben. Da unseriöse Trittbrettfahrer nie auszuschließen sind, sollten Sie die unterschiedlichen Auftritte sorgfältig prüfen, bevor Sie mit einem der Anbieter in Kontakt treten.

Erwerbsunfähigkeitsversicherung

Diese Versicherung zahlt nicht schon bei Berufsunfähigkeit, sondern erst dann, wenn Sie erwerbsunfähig sind. Diese Sparte kommt dem Modell der gesetzlichen Regelung zur Erwerbsminderung sehr nahe. Dabei ist sie nicht einmal viel günstiger als die Berufsunfähigkeitsversicherung. Es gibt also keinen Grund, einen derartigen Vertrag abzuschließen.

Grundfähigkeitsversicherung

Die Grundfähigkeitsversicherung ist eine Police, die im Falle des **Verlustes bestimmter Fähigkeiten**, die Sie im täglichen Leben brauchen, eine monatliche Rente zahlt. Die Ursache für den Verlust dieser Fähigkeiten ist egal.

Die Voraussetzungen für Leistungen sind erfüllt, wenn Sie nach ärztlicher Beurteilung insgesamt mindestens zwölf Monate lang ununterbrochen nicht in der Lage sind, eine der folgenden Fähigkeiten auszuüben: Sie können nichts mehr sehen oder nicht mehr sprechen oder sich nicht mehr zeitlich, örtlich und zur eigenen Person zu orientieren oder weder mit der linken noch mit der rechten Hand einen Schreibstift benutzen oder eine Tastatur bedienen.

Gezahlt wird auch, wenn Sie drei andere Tätigkeiten eines zweiten Fähigkeitenkatalogs nicht mehr ausüben können.

In diesen Katalog fallen unter anderem das Hören, das Gehen über 200 Meter, das Anziehen, das Steigen von Treppen mit mehr als zwölf Stufen oder das Fahren eines Autos.

Und schließlich gibt es hier die versicherte Rente, wenn Ihnen in der gesetzlichen oder in einer diese ersetzenden privaten Pflegeversicherung Pflegestufe II oder III zuerkannt wurde.

Diese Sparte wird nur selten angeboten. Sie wird häufig als Alternative zur Berufsunfähigkeitsversicherung genannt, da angeblich die Gesundheitsfragen nicht so umfangreich sind wie bei dieser und weil sie günstiger sein soll. Eine umfassende Untersuchung der Stiftung Warentest gibt es dazu derzeit nicht. Eine Überprüfung durch die Verbraucherzentrale Rheinland-Pfalz im Frühling 2010 hat ergeben, dass weder die eine noch die andere Aussage richtig ist.

Unfallversicherung

Die Unfallversicherung kostet zwar nur einen Bruchteil einer Berufsunfähigkeitsversicherung, ist aber keine Alternative, weil sie nur vor den finanziellen Folgen dauerhafter Invalidität nach Unfällen schützt. Nur etwa 2,5 Prozent der Schwerbehinderungen beruhen auf Unfallfolgen, davon 50 Prozent durch Arbeitsunfälle, bei denen die gesetzliche Unfallversicherung greift. Sie ist höchstens als zusätzliche Absicherung für Personen sinnvoll, die **besonderen unversicherten Unfallrisiken** ausgesetzt sind. Dazu mehr im nächsten Kapitel »Wie versichern Sie sich richtig, wenn Sie ein erhöhtes Unfallrisiko haben?« auf Seite 93 ff.

Dread Disease-Versicherung

Die Dread-Disease-Versicherung ist ein Vertrag, bei dem die vereinbarte Versicherungssumme bei Eintritt fest definierter Krankheiten zur Auszahlung kommt. Sie spielt in Deutschland keine große Rolle. Sie wurde ursprünglich konzipiert für Länder mit schwachem sozialem Netz, in denen mangels ausreichender Krankenversicherung der Eintritt dieser Erkrankungen tatsächlich zu einem sozialen Absturz führen konnte.

Angesichts des umfassenden Krankenversicherungsschutzes und der Möglichkeit, sich durch Krankentagegeld- und Berufsunfähigkeitsversicherungen ohne Begrenzung auf bestimmte Ursachen abzusichern, ist kaum eine Situation denkbar, in der gerade dieser Versicherungsschutz benötigt wird. Er spielt daher in den weiteren Überlegungen keine Rolle. Falls man Ihnen einen solchen – oft recht teuren – Schutz anbietet, sollten Sie dankend abwinken.

6

Wie versichern Sie sich richtig … wenn Sie ein erhöhtes Unfallrisiko haben?

Private Unfallversicherung

Führt ein Unfall zur Invalidität, kann häufig ein hoher zusätzlicher Finanzbedarf entstehen. Die Wohnung muss ausgebaut, eine Aushilfe eingestellt oder eine besondere Ausbildung finanziert werden. Um diese finanziellen Risiken abzusichern, kann der Abschluss einer Unfallversicherung insbesondere für Hausfrauen und Kinder, Schüler und Studenten sowie Berufstätige mit geringer beruflicher Qualifikation wichtig sein. Dieser Personenkreis ist zum einen in der Regel nicht durch gesetzliche Rentenansprüche abgesichert und kann zum anderen aufgrund der im vorigen Kapitel beschriebenen Verweisungsproblematik auch nur in den seltensten Fällen Ansprüche aus einer privaten Berufsunfähigkeitsversicherung geltend machen. Bei unfallbedingter Invalidität wird entsprechend dem Invaliditätsgrad ein Betrag ausgezahlt, der die Einkommenseinbußen oder zusätzlichen Ausgaben absichert, sofern eine Invaliditätssumme in ausreichender Höhe abgeschlossen wurde. Die Unfallversicherung erfüllt daher zum Teil die gleichen Aufgaben wie die Berufsunfähigkeitsversicherung, bietet aber nur punktuellen Versicherungsschutz.

Berechnung der Versicherungssumme

Als Faustformel für die Ermittlung der richtigen Versicherungssumme gilt:
Monatlicher Bedarf x 400 = Vollinvaliditätsentschädigung

Ein Beispiel:
Bedarf bei Invalidität = 1.000 € monatlich
1.000 € x 400 = 400.000 € Invaliditätsentschädigung

Begründung für den Faktor 400: Die 400.000 Euro bringen, beispielsweise zu drei Prozent bei einer Bank angelegt, 12.000 Euro Zinsen im Jahr ohne Berücksichtigung von Steuern. Dies entspricht dem monatlichen Bedarf von 1.000 Euro.

Wichtig ist die Vereinbarung einer **hohen Versicherungssumme bei Invalidität**. Kinder sollten mit mindestens 150.000 Euro, besser noch mit 250.000 Euro versichert werden.

Wenn eine Berufsunfähigkeitsversicherung besteht, können die Summen der Unfallpolice entsprechend niedriger sein, oder es kann auf eine Unfallversicherung, zumindest aber auf eine Progression, verzichtet werden.

Progression bedeutet: Bei höherer Invalidität werden höhere Leistungen gezahlt, bei Vollinvalidität zum Beispiel nicht 100, sondern 225 Prozent der Grundversicherungssumme. Das kostet natürlich einen Zuschlag auf die Grundprämie. Mögliche andere angebotene Progressionsstaffeln: 300, 350, 500 Prozent.

Nachteil der Progressionstarife: Die weitaus meisten Unfälle mit Dauerinvaliditätsfolgen bringen Invaliditätsgrade von unter 25 Prozent mit sich. Im Bereich zwischen 0 und 25 Prozent sehen jedoch die Progressionstarife keinerlei Verbesserungen der Leistung vor.

100.000 Euro Versicherungssumme für den Invaliditätsfall kosten mit (unterschiedlicher) Progression im Jahr etwa 40 bis 80 Euro für Kinder, 100 bis 130 Euro für Personen mit Bürotätigkeit und 280 bis 350 Euro körperlicher oder handwerklicher Berufstätigkeit.

Unfallrentenversicherung – Alternative zur Berufsunfähigkeitsversicherung?

Wenn Sie wegen Vorerkrankungen keine Berufsunfähigkeitsversicherung erhalten oder sie sich aus finanziellen Gründen nicht leisten können, sollten Sie darüber nachdenken, statt einer herkömmlichen Unfall- eine Unfallrentenversicherung abzuschließen. Sie bietet den Vorteil, dass aus dem Vertrag eine lebenslange Rente gezahlt wird, wenn durch einen Unfall eine dauerhafte Invalidität eingetreten ist. Es ist auch möglich, in einem Vertrag beide Leistungen – Einmalzahlung und Rente – miteinander zu koppeln. Dadurch wird es im Fall der Fälle ermöglicht, nicht nur die Wohnung behindertengerecht umzubauen, sondern auch durch die Rentenzahlung die laufenden Kosten zu decken.

Gesetzliche Unfallversicherung

Alle Menschen, die sich in einem Arbeits-, Dienst- oder Lehrverhältnis befinden, Kinder, die in den Kindergarten oder die Schule gehen, Studenten auf der Hochschule und Personen, die in Selbsthilfe ein Haus bauen, sind automatisch in der gesetzlichen Unfallversicherung versichert. Den Beitrag dafür zahlen die Arbeitgeber, Schulen, Hochschulen oder Bauherren.

Selbstständige können sich über ihre **Berufsgenossenschaft** freiwillig in der gesetzlichen Unfallversicherung versichern, die auch über die unterschiedliche Höhe der Beiträge informieren.

Die gesetzliche Unfallversicherung sichert Menschen ab, die Unfälle während der Arbeit oder auf dem Weg zur Arbeit oder zur Schule erleiden. Sie leistet für die medizinische Versorgung und die Rehabilitation; bei Invalidität springt die Unfallrente unter besonderen Bedingungen ein.

Über die beschriebenen Unfälle hinaus springt die Versicherung auch bei Berufskrankheiten ein. Falls Sie einmal in eine derartige Lage kommen, sollten Sie sicher sein, von Beginn an einen fachkundigen Rechtsbeistand zu haben. Gesetzliche Unfallversicherung und Berufsgenossenschaft stehen nicht gerade im Ruf, die Spendierhosen anzuhaben.

Nicht versichert sind Hausfrauen, Rentner und Kinder, die nicht in eine Kindertagesstätte oder einen Kindergarten gehen. Auch für Unfälle in der Freizeit besteht kein Schutz.

7

Wie versichern Sie sich richtig … um Ihr Kind vor den finanziellen Folgen der Invalidität zu schützen?

Invaliditätsversicherung für Kinder

Wer keine Kinder hat oder wenn die Kinder schon über die Berufsausbildung für den Fall der Invalidität ausreichend versichert sind, benötigt keine Invaliditäts- oder Unfallversicherung für Kinder.

Wenn Sie Kinder haben, die noch nicht in der Berufsausbildung sind, und wenn die finanziellen Folgen der Invalidität nicht abgesichert sind, ist eine Kinderinvaliditätsversicherung besonders wichtig. Wenn diese für Sie nicht erschwinglich ist, sollten Sie mindestens eine Unfallversicherung für das Kind abschließen.

Die **Kinderinvaliditätsversicherung** zahlt unabhängig von der Ursache der Invalidität je nach Vertrag eine lebenslange Rente oder einen Einmalbeitrag, wenn Invalidität festgestellt wird.

Die **Unfallversicherung** zahlt nur dann eine Rente oder einen Einmalbetrag, wenn die Invalidität durch einen Unfall eingetreten ist.

Von den Kindern und Jugendlichen, die bis 18 Jahre einen Grad der Behinderung von mehr als 50 Prozent haben, sind etwa 82 Prozent durch Krankheit, aber nur knapp ein Prozent durch einen Unfall invalide geworden. Hinzu kommen angeborene beziehungsweise sonstige Ursachen.

Diese Werte zeigen eines ganz klar: Auch wenn eine der am häufigsten abgeschlossenen Versicherungen für Kinder die (preisgünstigere) Unfallversicherung ist, ist es viel wichtiger, eine Invaliditätsversicherung für Kinder abzuschließen. Hier wird die vereinbarte Leistung gezahlt, wenn das

Kind entweder durch einen Unfall oder durch eine der im Vertrag aufgezählten Krankheiten schwer behindert wird. Dies können zum Beispiel Diabetes mellitus, Krebserkrankungen, Meningitis oder Leukämie sein.

Als schwerbehindert gilt, wem vom Versorgungsamt ein Grad der Behinderung von mindestens 50 Prozent bescheinigt wird. Manche Gesellschaften machen ihre Zahlung von einer zusätzlichen eigenen Prüfung des Gesundheitszustandes des Kindes abhängig. Solche Verträge sollten Sie unbedingt meiden, da sonst die Gefahr besteht, dass sich Ihr Kind trotz schwerer Erkrankung einer doppelten Gesundheitsuntersuchung unterziehen muss. Viele Versicherer versuchen, sich durch eigene Gutachten vor der Zahlung zu drücken.

Am weitesten verbreitet ist die Variante, ab einem Grad der Behinderung von mindestens 50 Prozent eine lebenslange Rente zu zahlen. Andere Gesellschaften zahlen ähnlich wie in der reinen Unfallversicherung einen Einmalbetrag, der verrentet werden kann.

Und schließlich gibt es wenige Anbieter, die beide Leistungen miteinander verbinden. Sie zahlen bei Eintritt der Invalidität einmalig eine Zusatzleistung in Höhe von zum Beispiel 24 Monatsrenten und danach lebenslang die vereinbarte Rente. Diese Anbieter werden von uns bevorzugt, da mit dem Kapital zum Beispiel behindertengerechte Umbauten vorgenommen und die Renten für den Lebensunterhalt genutzt werden können.

Die meisten Versicherer haben Zahlungen dann ausgeschlossen, wenn die Invalidität auf angeborenen Ursachen beruht, selbst dann, wenn sie erst später auftritt.

Ein weiteres Manko: Der Vertragsabschluss ist bei den meisten Anbietern erst nach Vollendung des ersten Lebensjahres möglich.

Die Rente sollte mindestens 1.000 Euro im Monat betragen und im Laufe der Jahre und besonders im Leistungsfall dynamisch ansteigen. Mit weniger wird es kaum möglich sein, Ihrem Kind auch später einen Lebensstandard über der Grundsicherung zu ermöglichen.

Wenn Sie einen **Vertrag mit Einmalzahlung** abschließen, sollte die Summe der in der Unfallversicherung empfohlenen Summe bei Vollinvalidität entsprechen: 400.000 Euro. Die Einzelheiten finden Sie im Kapitel »Wie versichern Sie sich richtig, wenn Sie ein erhöhtes Unfallrisiko haben?« auf Seite 93 ff.

Meiden Sie Verträge von Gesellschaften, die eine eigene Gesundheitsprüfung im Fall der Fälle durchführen. Sonst muss Ihr Kind nicht nur die Untersuchungstortur beim Versorgungsamt, sondern auch noch bei einem weiteren Arzt durchlaufen.

Scheinalternative: Kinderunfallversicherung

Diese Police springt nur dann ein, wenn der Fall eintritt, dass Ihr Kind durch einen Unfall invalide wird. Wie oben erläutert, ist dies nach den Erhebungen des Statistischen Bundesamtes nur sehr selten. Wir können zu einem Abschluss daher nur dann raten, wenn Sie sich die Invaliditätsversicherung nicht leisten können und wenigstens das Risiko »Unfall« absichern möchten.

Gute Verträge kosten 400 bis 500 Euro im Jahr. Sie sind damit um ein vielfaches teurer als günstige Unfallversicherungen. Wenn Ihnen deshalb dieser Betrag zu hoch erscheint, sollten Sie sich jedoch vor Augen führen, welches Risiko eine reine Unfallpolice und welches die Invaliditätsversicherung abdeckt.

8
Wie versichern Sie sich richtig … um Ihre Angehörigen abzusichern?

Risikolebensversicherung

Wenn Sie Angehörige im Fall Ihres Todes finanziell absichern müssen, ist eine Risikolebensversicherung besonders wichtig. Aus der Risikolebensversicherung erhalten die Angehörigen die vereinbarte Versicherungssumme, wenn die versicherte Person während der Vertragslaufzeit stirbt.

Insbesondere Familien mit Kindern, aber auch (Ehe-)paare ohne Kinder mit hohen finanziellen Belastungen stehen oftmals vor dem finanziellen Ruin, wenn ein Partner stirbt. Der Abschluss einer Risikolebensversicherung ist also immer dann dringend geboten, wenn der Tod eines Elternteils oder des Partners eine finanzielle Lücke reißt, die weder durch Renten noch eigenes Vermögen auszugleichen ist. Im Gegensatz zur Berufsunfähigkeits- oder Kapitallebensversicherung ist der Versicherungsschutz sehr preisgünstig zu haben, da die Leistung nur erbracht wird, wenn die versicherte Person stirbt.

Natürlich machen die Versicherungsgesellschaften auch in dieser Versicherungssparte mit den Beiträgen der Mitglieder Gewinne. Auf ihrem Briefkopf steht ja auch nicht »Samariter-Verein«, sondern meistens »Aktiengesellschaft«. In Zeiten steigender Lebenserwartung ist abzusehen, dass auch die Gewinne weiterhin steigen werden. Die Versicherer sind gesetzlich verpflichtet, ihre Versicherten an einem Teil dieser Gewinne teilhaben zu lassen. Dazu werden zwei Vertragsvarianten angeboten:

Beim **Todesfallbonus** werden Ihnen die Gewinne in der Form gutgeschrieben, dass die Versicherungssumme ständig ansteigt. Wer also zum Beispiel eine Summe von 100.000 Euro versichern möchte, hat nur einen Teil davon als garantierte Versicherungssumme und den restlichen Teil aus der Überschussbeteiligung. Die Garantie schwankt je nach Gesellschaft von unter 50 Prozent bis zu 90 Prozent.

Die Gewinne werden unmittelbar mit Ihren Beiträgen verrechnet. Sie haben also nicht den vorher vereinbarten Bruttobeitrag zu zahlen, sondern einen um die Verrechnung niedrigeren Nettobeitrag. Bei Gesellschaften, die gut mit ihrem Geld wirtschaften und haushalten können, machen diese Beitragsersparnisse bis zu 50 Prozent des Bruttobeitrags aus. Bei dieser Variante ist die Versicherungssumme vollständig garantiert.

Für beide Varianten gilt, dass die Gewinne je nach Wirtschaftslage schwanken können.

Sinkende Gewinne haben folgende Auswirkungen: Beim Todesfallbonus wächst die Versicherungssumme nicht mehr weiter wie bisher. In der Variante Beitragsverrechnung kann es passieren, dass der Beitrag bis zum ursprünglich vereinbarten Bruttobeitrag hin ansteigt.

Sinn der Risikolebensversicherung ist es, ausschließlich das finanzielle Risiko der Familie abzusichern. Der Vertrag soll keinen Vermögensaufbau darstellen. Es soll zu einem möglichst günstigen Preis die gewünschte Absicherung erkauft werden. Sie sollten daher ausschließlich das System Beitragsverrechnung wählen. Wie sich dieses auf das Prämienniveau auswirkt, zeigt folgendes Beispiel:

Bei einem Vertrag über 100.000 Euro, abgeschlossen für einen 35-jährigen Mann mit einer Laufzeit von 25 Jahren, beträgt der Jahresbeitrag beim

- System Todesfallbonus rund 200 Euro und beim
- System Beitragsverrechnung rund 115 Euro.

Die Versicherungsbedingungen sehen vor, dass keine Zahlung erbracht wird, wenn der Versicherte sich innerhalb der ersten drei Jahre der Vertragslaufzeit selbst tötet. Dieser Ausschluss soll verhindern, dass zum Beispiel ein verzweifelter Familienvater sich nach Feststellung einer schweren Erkrankung umbringt und noch zur Absicherung der Familie eine Lebensversicherung abschließt.

Weitere **Ausschlüsse** können sein: Tod bei aktiver Teilnahme an einem Kart- oder sonstigen Rennen, beim Wind-Gliding, Fallschirmspringen oder sonstigen gefährlichen Sportarten. Da Extremsportarten immer beliebter werden, haben die Versicherer die Ausschlüsse eingeführt. Sollten auch Sie einer solchen Freizeitbeschäftigung nachgehen, stellen Sie unbedingt sicher, dass der Versicherer auch dann im Todesfall zahlt.

Vertragsabschluss: Laufzeit und Versicherungssumme prüfen

Wenn der Vertrag generell zur Absicherung der Familie benötigt wird, wählen Sie eine Laufzeit bis zu dem Zeitpunkt, zu dem die Kinder voraussichtlich aus dem Haus sein werden. Je nach Familiensituation ist dies dann der Fall, wenn das jüngste Kind etwa 20 bis 25 Jahre alt ist.

Es ist sehr schwer, allgemein etwas zur Höhe der Versicherungssumme zu sagen. Familien, bei denen nur eine Person zum Lebensunterhalt beiträgt, sollten ungefähr folgende Summen abschließen:

- Familie mit kleinen Kindern: vierfaches Jahres-Netto-Einkommen
- Familie mit älteren Kindern: dreifaches Jahres-Netto-Einkommen

Hat ein Ehepartner nach dem Tod des anderen kein oder nur ein kleines Einkommen, sollte folgende Versicherungssumme gewählt werden:

- Kinderlose Ehepaare:
  einfaches Jahres-Netto-Einkommen

Diese Beträge werden zwar nicht ein Leben lang ausreichen, sie sollten jedoch hoch genug sein, um den Angehörigen eine Neuordnung ihrer Lebensumstände und Lebensweise zu ermöglichen.

Wenn der Vertrag nur zur Absicherung eines Darlehens benötigt wird, wählen Sie eine **Risikolebensversicherung mit fallender Versicherungssumme.** Darlehens- und Versicherungssumme sollten immer gleich hoch sein, und die Laufzeit sollte der des Darlehens entsprechen.

Vergleichen Sie unbedingt die Beiträge. Bei dieser Versicherung entscheidet allein der Preis. Wie hoch die Unterschiede sein können, verdeutlicht folgendes Beispiel:

Es wird jeweils der Jahresbeitrag angegeben, da Sie dadurch gegenüber einer monatlichen Zahlung deutlich weniger bezahlen müssen. Es handelt sich um den sogenannten Nettobeitrag: Die von der Versicherung mit Ihren Beiträgen erwirtschafteten Gewinne werden gleich mit dem »Bruttobeitrag« verrechnet. Im ersten Beispiel vermindert sich so der Bruttobeitrag von 394 Euro auf einen Nettobeitrag von 165 Euro.

Risikolebensversicherung Mann

Laufzeit bis zum 65. Lebensjahr

Versicherungssumme 100.000 Euro

Vertragsbeginn mit	30 Jahren	35 Jahren	45 Jahren
Günstiger Anbieter Jahresbeitrag ca.	135 €	156 €	228 €
Teurer Anbieter	503 €	582 €	823 €

Risikolebensversicherung Frau

Laufzeit bis zum 65. Lebensjahr

Versicherungssumme 100.000 €

Vertragsbeginn mit	30 Jahren	35 Jahren	45 Jahren
Günstiger Anbieter Jahresbeitrag ca.	90 €	105 €	150 €
Teurer Anbieter	314 €	362 €	495 €

9

Wie versichern Sie sich richtig … wenn Sie Schäden anrichten?

Private Haftpflichtversicherung

Der Abschluss einer privaten Haftpflichtversicherung ist für jeden ein unbedingtes »Muss«. Auch, wenn Sie schon einen solchen Vertrag abgeschlossen haben, sollten Sie sich die Zeit nehmen, die folgenden Seiten zu lesen.

Eine Haftpflichtversicherung ist die **wichtigste private Versicherung** überhaupt. Nach den §§ 823 ff. des Bürgerlichen Gesetzbuches (BGB) ist jedermann verpflichtet, den Schaden zu ersetzen, den er schuldhaft einem anderen zufügt.

Diese Verpflichtung gilt in ihrer Höhe unbegrenzt. In einem besonders krassen Fall hat dies zum Beispiel dazu geführt, dass ein Jugendlicher, der mit einem unversicherten Moped einen schweren Unfall mit Verletzten herbeigeführt hat, voraussichtlich ein Leben lang zu Schadensersatzzahlungen herangezogen wird. Dies heißt für ihn, dass er niemals über ein eigenes Einkommen oberhalb der Pfändungsfreigrenze verfügen wird.

Auf besonderen Rechtsgebieten gibt es sogar Vorschriften, die eine Schadensersatzpflicht für Schäden selbst dann bejahen, wenn man sie nicht einmal verschuldet hat. So ist zum Beispiel der Eigentümer eines Öltanks nach dem Wasserhaushaltsgesetz für die eingetretenen Schäden auch dann haftbar, wenn sie etwa durch eine Überschwemmung oder einen Erdrutsch verursacht worden sind, das ist die sogenannte **Gefährdungshaftung**. Ähnlich streng sind die Vorschriften des Bürgerlichen Gesetzbuches im Bereich der **Tierhalterhaftung**.

Wenn Sie also zu den leichtsinnigen Zeitgenossen gehören, die bisher glaubten, sich die etwa 60 Euro im Jahr für eine gute private Haftpflichtversicherung sparen zu können, sollten Sie schnellstmöglich aktiv werden und einen solchen Vertrag abschließen.

Und wenn Sie schon einen Vertrag haben, aber mehr als rund 60 Euro im Jahr dafür zahlen, sollten Sie über einen Wechsel nachdenken, wenn nicht besondere Gründe wie zum Beispiel die gute Betreuung durch einen rührigen Versicherungsvertreter dagegen stehen.

Dies gilt im Übrigen auch, wenn Sie zwar einen sehr preiswerten Vertrag haben, dieser jedoch schon viele Jahre alt ist. In diesem Fall besteht die Gefahr, dass Sie nach veralteten Bedingungen versichert sind und dass Ihnen wesentliche Verbesserungen in neueren Tarifwerken nicht zur Seite stehen. So gibt es zum Beispiel Versicherer, die Schäden, die kleine Kinder anrichten, ersetzen, ohne die Frage nach dem Verschulden zu stellen. Näheres zu diesem Problem im übernächsten Abschnitt bei den Leistungsausschlüssen. Andere Anbieter versichern etwa Surfbretter oder den Verlust von Schlüsseln, die zu einer Schließanlage gehören, ohne Zuschlag gleich mit.

Leistungen der Privathaftpflichtversicherung

Diese Versicherung ist in erster Linie dazu da, Schäden zu ersetzen, die Sie anderen schuldhaft zugefügt haben. Ein Verschulden liegt vor, wenn Sie einen Schaden fahrlässig oder sogar grob fahrlässig verursacht haben. Anders als bei der Hausrat- oder Wohngebäudeversicherung oder vielen anderen Versicherungsverträgen ist also in der Haftpflichtversicherung auch die grobe Fahrlässigkeit in vollem Umfang mitversichert.

Ausgeschlossen sind lediglich Schäden, die **vorsätzlich** verursacht werden. Andernfalls könnte jemand, der die Scheibe eines Juwelierladens einschlägt und von der Polizei erwischt wird, seine Versicherung zum Schadensersatz für das Glas heranziehen.

Die Begriffe **Fahrlässigkeit** und **grobe Fahrlässigkeit** definiert der Jurist folgendermaßen: Fahrlässig handelt, wer laut Bürgerlichem Gesetzbuch die »im Verkehr allgemein erforderliche Sorgfalt« missachtet. Grob fahrlässig handelt, wer die Sorgfaltspflichten, die jedem normal denkenden Menschen sofort ins Auge springen müssen, außer Acht lässt.

Ihre Haftpflichtversicherung hat aber auch die vertragliche Aufgabe, Sie davor zu schützen, dass man sie unberechtigt in Anspruch nimmt. Nötigenfalls hat sie in einem solchen Fall Rechtsschutz zu geben.

Beispiel

Der temperamentvolle Herr Schmidt besucht seine Freunde und Nachbarn Herrn und Frau Müller immer mit großem »Hallo« und fällt im wahrsten Sinne des Wortes mit der Tür in Haus. Müllers haben eine große Standvase, das ungeliebte Erbstück einer Tante, hinter die Tür gestellt. Es kommt, wie es kommen muss. Herr Schmidt reißt die Tür auf und zerschlägt die Vase.

Er meldet den Fall seiner Haftpflichtversicherung. Die weigert sich, den Schaden mit der Begründung zu ersetzen, dass ihn kein Verschulden trifft, weil er das Prunkstück nicht sehen konnte. Aus ist es mit der Freundschaft. Müllers ziehen vor Gericht und verlangen 2.500 Euro Schadensersatz.

Nun muss Herr Schmidts Haftpflichtversicherung ihm entweder einen Rechtsanwalt stellen oder einem von ihm ausgewählten Anwalt eine Kostenzusage geben.

Sieht ein Richter die Sache anders und verurteilt Herrn Schmidt zum Schadensersatz, muss der Versicherer Schadensersatz und die Kosten für den gegnerischen Anwalt und das Gericht tragen.

Wann zahlt die Privathaftpflichtversicherung nicht?

In der Haftpflichtversicherung gibt es eine Reihe von Ausschlüssen. Die beiden wichtigsten:

- **Ausschluss beim Betrieb eines Kraftfahrzeugs**
  Die Privathaftpflicht zahlt nicht, wenn der Schaden beim Betrieb eines Kraftfahrzeugs entstanden ist. Das erscheint auf den ersten Blick nachvollziehbar, weil Sie dafür eine Kfz-Haftpflichtversicherung haben. Der Begriff »Betrieb eines Kfz« wird jedoch sehr weit gefasst. So sind zum Beispiel auch die Schäden nicht in der Privathaftpflicht versichert, die beim Be- und Entladen des Autos etwa durch einen Einkaufswagen entstehen. Das ist sehr ärgerlich, denn wenn Sie den Fall Ihrer Kfz-Versicherung melden, führt die Regulierung zwangsweise zu einer Hochstufung in der Schadensfreiheitsklasse.

  Falls auch Ihnen einmal ein solches Missgeschick passiert, sollten Sie den Vorgang sehr genau schildern. Zerkratzt der Einkaufswagen ein anderes Fahrzeug auf dem Weg zu Ihrem Auto oder haben Sie bereits alle Einkäufe verstaut, den PKW verschlossen und sind schon auf den Weg zum Abstellplatz für die Einkaufswagen, zählen diese Vorgänge nicht mehr zum »Betrieb eines Kfz«, und Ihre Haftpflichtversicherung ist einstandspflichtig.

- **Ausschluss bei Leihe, Miete, Pacht**
  Schäden an Gegenständen, die Sie geliehen, gemietet oder gepachtet haben, sind grundsätzlich vom Versicherungsschutz ausgenommen. Dies führt zu Ärger, wenn man sich zum Beispiel von einem Freund eine Videokamera geliehen hat und diese auf den Boden fällt.

  Aber längst nicht alle Fälle, die die Versicherung als Leihe einstuft, müssen tatsächlich eine solche darstel-

9

len. In vielen Situationen haben Sie nämlich die Kamera nicht geliehen, sondern lediglich das, was der Jurist ein »besitzrechtloses Nutzungsverhältnis« nennt. Mit anderen Worten: Sie haben zwar das Recht, einen Gegenstand zu nutzen, aber nicht das Recht, ihn für einen bestimmten, vorher vereinbarten Zeitraum zu besitzen. Gerade dieses Besitzrecht ist es aber, das die Leihe, die Miete oder die Pracht auszeichnet.

Beispiel

Wenn Sie auf einer Familienfeier die auf dem Tisch liegende Kamera ergreifen, um auch einmal zu filmen, ist Ihnen diese Nutzung sicherlich gestattet. Es ist aber in keinem Fall zwischen Ihnen und dem Eigentümer ein Vertrag zustande gekommen, der Ihnen auch das Recht zum Besitz einräumt. Der Eigentümer kann den Apparat jederzeit an sich nehmen und selbst weiter filmen. Bei dieser Konstellation bezahlt die private Haftpflichtversicherung den an der Kamera entstandenen Sturzschaden.

Schäden durch kleine Kinder

§ 828 Bürgerliches Gesetzbuch (BGB) bestimmt: »Wer nicht das siebente Lebensjahr vollendet hat, ist für einen Schaden, den er einem anderen zufügt, nicht verantwortlich. Wer das siebente, aber nicht das achtzehnte Lebensjahr vollendet hat, ist für einen Schaden, den er einem anderen zufügt, nicht verantwortlich, wenn er bei der Begehung der schädigenden Handlung nicht die zur Erkenntnis der Verantwortlichkeit erforderliche Einsicht hat.«

Insbesondere der erste Teil der Vorschrift führt immer wieder zu Verärgerung zwischen Eltern von kleinen Kindern und anderen Personen, wenn zum Beispiel der fünfjährige Nachwuchsrennfahrer mit seinem Kettcar Kratzer an parkenden Fahrzeugen verursacht.

Versicherer lehnen in solchen und ähnlichen Fällen oft den Schadensersatz mit der Begründung ab, das Kind sei schuldunfähig, und auch die Eltern treffe keine Schuld, weil sie ihrer Sorgfaltspflicht Genüge getan hätten. Auf diesen letzten Punkt kommt es in den Fällen entscheidend an. Da die kleinen Kinder schuldunfähig sind, wird geprüft, ob die Eltern ein Verschulden trifft. Ist dies der Fall, hat die Haftpflicht zu zahlen.

Das Paradoxon »Aufsichtspflicht«

Gegenstand der Prüfung ist die Frage, ob die Eltern das Kind ausreichend beaufsichtigt haben. So paradox es für Sie vielleicht klingt: Wenn Sie nicht auf Ihr Kind aufpassen, muss die Haftpflicht zahlen.

Natürlich können Eltern nicht permanent ihren Nachwuchs im Auge haben. Je nach Veranlagung und Charakter des Kindes müssen Sie jedoch mehr oder weniger häufig nach ihm sehen. Ist es ein besonders ruhiges Kind, das noch nie etwas angerichtet hat, müssen dessen Eltern es weniger häufig kontrollieren als zum Beispiel einen fünfjährigen temperamentvollen »Bengel«, der schon einiges »angestellt« hat.

Tipp

Viele Eltern möchten natürlich, dass ihr Kind in bestem Licht dasteht. Wenn Ihr Kind aber ein wilder Feger ist, sollten Sie es auch so beschreiben. In diesem Fall haben Sie nämlich die Pflicht, Ihren Nachwuchs in kurzen Abständen zu beaufsichtigen. Unterlassen Sie dies, verletzen Sie Ihre Sorgfaltspflicht, und der Geschädigte wird von der Versicherung die Schadensersatzzahlung erhalten.

Wer ist versichert?

In der Privathaftpflichtversicherung ist grundsätzlich die ganze Familie mit einem Vertrag abgesichert. Dies gilt auch, wenn die Kinder volljährig sind und ihre erste Berufsausbildung noch nicht abgeschlossen haben. Ein minderjähriges Kind ist nicht mehr mitversichert, wenn es schon mit 17 Jahren eine Lehre beendet. Es muss nach der Gesellenprüfung eine eigene private Haftpflichtversicherung abschließen.

Einige Gesellschaften begrenzen die Mitversicherung volljähriger Kinder zum Beispiel auf das 25. Lebensjahr. Falls Sie schon eine private Haftpflichtversicherung haben, sollten Sie nachsehen, welche Regelung gilt.

Welche Versicherungssumme sollte man wählen?

Es werden Verträge mit Deckungssummen von einer Million, 2,5 Millionen, 3,75 Millionen und 7,5 Millionen Euro sowie mit unbegrenzter Deckung angeboten. Da die Beitragsunterschiede bei preiswerten Anbietern unter den verschiedenen Versicherungssummen nicht sehr groß sind, sollten Sie nach dem Motto »viel hilft viel« zu einem **Vertrag mit unbegrenzter Deckung greifen** – mindestens jedoch fünf Millionen Euro als Versicherungssumme vereinbaren.

Welche Klauseln sollte man vereinbaren?

Mietsachschadenklausel

Wenn Sie Mieter einer Wohnung sind, können Sie sich mit einer Zusatzklausel für den Fall versichern, dass Sie oder Ihre Familienangehörigen Schäden an der Wohnung verursachen. Dies gilt allerdings nur für solche Wohnungsbestandteile, die Sie oder der Vermieter nicht mit einer eigenen Versicherung schützen können. Es sind also zum Beispiel Glasscheiben oder Glastüren nicht versicherbar. Falls gewünscht, müssten dafür Glasversicherungen abgeschlossen werden.

Problem »mittelloser Verursacher«

Zwar haben rund 80 Prozent der deutschen Haushalte eine Hausratversicherung, jedoch lediglich 66 Prozent eine Privathaftpflicht. Wenn Ihnen nun eine unversicherte Person einen größeren Schaden zufügt, haben Sie nur die Möglichkeit, sie privat in Regress zu nehmen. Was passiert aber, wenn der Verursacher mittellos ist? Um hier ihre Versicherten nicht schutzlos stehen zu lassen, bietet eine Reihe von Gesellschaften mit einer Zusatzklausel zum Vertrag die **Forderungsausfallversicherung** an. Preise und Leistungen sind wie schon in der Hauptversicherung sehr unterschiedlich.

Sie müssen etwa mit einem fast doppelt so hohen Beitrag wie für die normale Privathaftpflicht rechnen. Voraussetzung für eine Leistung im Schadensfall ist bei vielen Gesellschaften, dass Sie zunächst den Schadensverursacher verklagen und vergeblich versucht haben, Ihren Anspruch im Zwangsvollstreckungsverfahren durchzusetzen. Die

Prozesskosten werden nicht von jeder Versicherungsgesellschaft übernommen. Auch dies kann für Sie zu einem hohen Kostenrisiko werden.

Das Gerichtskostengesetz besagt zwar, dass grundsätzlich die Person alle Kosten zu übernehmen hat, die verliert. In diesem Fall ist es der Schadensverursacher. Es besagt aber auch, dass der Gewinner alle Kosten übernehmen muss, wenn der Verlierer mittellos ist.

Das Angebot ist daher eher ein zweischneidiges Schwert, wenn Sie nicht gleichzeitig auch die Kosten für einen Haftpflichtprozess gegen einen Mittellosen mitversichern.

[ ] **Tipp**

Verschaffen Sie sich einen ersten Überblick über die Angebote der Versicherer in den Vergleichstests der Stiftung Warentest – *www.test.de* –, die Sie auch in den Beratungsstellen der Verbraucherzentralen finden, oder wenden Sie sich direkt an die Versicherungsberatung der Verbraucherzentrale.

Die Versicherungswirtschaft hat im Übrigen in den letzten Jahren noch eine Vielzahl von besonderen Deckungserweiterungen eingeführt. Die Erweiterungen sind zwar oft recht exotisch, können aber im Einzelfall von großer Wichtigkeit sein. Wer zum Beispiel ein Au-Pair in seinem Haushalt aufnimmt, kann dessen Haftpflichtrisiko bei wenigen Gesellschaften ebenfalls mitversichern.

Haftpflichtversicherungen für besondere Risiken

Eine Reihe von privaten Haftpflichtrisiken können Sie nur durch Abschluss von besonderen Haftpflichtversicherungen abdecken. Zu den wichtigsten besonderen Risiken im privaten Bereich zählen:

Hunde, Pferde, Motor- oder Segelboote, Surfbretter, vermietete Wohnungen und Häuser, vermietete Geschäftsräume, unbebaute Grundstücke, unterirdische oder oberirdische Heizöltanks.

Bauherrenhaftpflichtversicherung

Baustellen sind Gefahrenquellen für spielende Kinder, Nachbarn, Besucher und Passanten aber auch für die Baufamilie selbst. Wenn durch ungesicherte Schächte, nicht ganz einwandfrei gestapeltes Material, unzureichende Absperrungen, schlechte Beschilderungen und Beleuchtungen Dritte zu Schaden kommen, kann dies Schadenersatzforderungen in beträchtlicher Höhe nach sich ziehen. Viele Schäden lassen sich kaum aus eigener Tasche finanzieren. Wenn Personen zu Schaden kommen, kann dies leicht in die Hunderttausende gehen: Arzt, Krankenhaus, Pflegekosten, Verdienstausfall und Schmerzensgeld, schlimmstenfalls sogar eine lebenslange Rente können dann auf den Bauherren zukommen. Die Bauherrenhaftpflichtversicherung deckt diese Risiken ab und ist daher **unerlässlich für Bauherren**.

Der Häuslebauer steht mit seiner Verantwortung für die Baustelle zwar nicht alleine da. Die mit der Bauleitung beauftragten Architekten und die für die Ausführung zuständigen Baufirmen und Handwerker müssen ebenso auf Sicherheit achten. Der Bauherr haftet allerdings ge-

9

samtschuldnerisch gegenüber dem Geschädigten. Ist die hauptverantwortliche Firma zum Beispiel pleite, muss er auch bei nur geringem Mitverschulden den vollen Schaden ersetzen. Er muss dann selbst versuchen, seine Forderungen gegenüber der Baufirma oder dem Architekten durchzusetzen. Kommt es zum Streit darüber, ob der Architekt, der Unternehmer, der Handwerker oder der Bauherr selbst für entstandene Schäden aufzukommen hat, ist eine Bauherren-Haftpflichtversicherung äußerst hilfreich. Denn sie ist auch gleichzeitig eine Art Rechtsschutzversicherung zur Abwehr unberechtigter Ansprüche.

[ ] **Tipp**

Achten Sie auf eine hohe Versicherungssumme, da Bauherren im Schadensfall unbegrenzt haften. Sie sollte mindestens fünf Millionen Euro pauschal für Personen- und Sachschäden betragen.

Schließen Sie die Versicherung bereits beim Grundstückskauf ab, wenn Sie absehen können, dass das Gebäude innerhalb von zwei Jahren fertiggestellt wird. Die Haftpflicht für das Grundstück wird so bereits vor Baubeginn ohne Zusatzkosten mitversichert.

Vergleichen Sie die Preise mehrerer Versicherungsunternehmen. Die Prämienunterschiede sind enorm. Dies gilt insbesondere, wenn Eigenleistungen mit versichert werden.

Versichert sind Baumaßnahmen wie Neubauten, Umbauten, Reparaturen, Abbruch- und Grabearbeiten. Mitversichert sind auch die Haftpflicht für ein unbebautes Grundstück und das zu errichtende Bauwerk.

10

Wie versichern Sie sich richtig … gegen den Verlust von Hab und Gut?

Hausratversicherung

Die finanziellen Folgen von Verlust beziehungsweise Zerstörung von Haushalt, Hausrat, Eigentumswohnung oder Eigenheim können Sie durch Abschluss einer Hausrat- beziehungsweise Wohngebäudeversicherung absichern. Doch welcher Personenkreis sollte diese Versicherungen abschließen?

Eine **Hausratversicherung** ist umso wichtiger, je höher der Verlust Ihrer beweglichen Habe Sie treffen würde. Eine **Wohngebäudeversicherung** ist ein Muss für Eigentümer einer Eigentumswohnung oder eines Wohngebäudes. Bei beiden Policen gibt es etliches zu beachten.

Überschlagen Sie einmal den gesamten Neuwert Ihrer Wohnungseinrichtung. Wenn Sie Raum für Raum durchgehen, werden Sie sicher staunen, was alles in allem zusammenkommt. Diesem Betrag stellen Sie gedanklich Ihr Erspartes und das monatliche Einkommen ihrer Familie gegenüber.

Angenommen, Ihr Hab und Gut würde durch einen Brand im Haus vollständig zerstört: Wären Sie in der Lage, es durch eigenes Vermögen wieder zu ersetzen?

Falls ja, benötigen Sie nur dann eine Hausratversicherung, wenn Sie Ihr Vermögen dafür nicht einsetzen möchten, weil es zum Beispiel für die private Altersvorsorge gedacht ist. Sie können gleich beim Kapitel Wohngebäudeversicherung weiterlesen, sofern Sie Hauseigentümer sind.

Falls nein, dann ist der Abschluss einer Hausratversicherung sehr wichtig. Selbst wenn Sie zu der Mehrzahl der deutschen Haushalte gehören, die schon einen solchen

Vertrag haben, sollten Sie sich unsere Tipps zur Vertragsgestaltung und zum Vorgehen im Schadensfall durchlesen. Die folgende Beschreibung der Hausratversicherung bezieht sich auf die von der absoluten Mehrzahl der Versicherer benutzten Versicherungsbedingungen VHB. Hinweise zu besonderen Deckungskonzepten, die sich nicht an diesen Bedingungen orientieren, finden Sie im Abschnitt Wohngebäudeversicherung auf Seite 137.

Welche Gegenstände sind versichert?

Grundsätzlich sind alle beweglichen Gegenstände, die die Mitglieder Ihres Haushaltes ge- oder auch verbrauchen, versichert. Das gilt auch für fremde Gegenstände, die Sie zum Beispiel geliehen haben.

Für bis zu 20 Prozent der Versicherungssumme gilt dies außerdem für folgende Wertgegenstände: Bargeld, Urkunden einschließlich Wertpapieren, Schmuck, Edelsteine, Perlen, Briefmarken, Münzen, Medaillen, Gegenstände aus Gold oder Platin, Pelze, handgeknüpfte Teppiche, Gobelins und Kunstgegenstände. Reichen die 20 Prozent der Versicherungssumme für die Wertgegenstände nicht aus, kann man sie durch besondere Vereinbarung und gegen zusätzlichen Beitrag erhöhen.

!

Hinweis

Wenn sich Ihre Kinder im Zuge ihrer Ausbildung eine eigene Wohnung mieten, müssen sie selbst dann eine eigene Hausratversicherung abschließen, wenn sie noch nicht volljährig sind. Deren Hab und Gut ist nur dann weiterhin bei Ihnen mitversichert, wenn sie zum Beispiel in einem möblierten Zimmer oder einem Studentenheim wohnen und keinen echten eigenen Hausstand gegründet haben.

Grundsätzlich sind alle fest mit dem Gebäude verbundenen Gegenstände nicht versichert. Es gibt aber Ausnahmen: Wenn Sie als Mieter zum Beispiel eine Einbauküche eingebaut haben, die Sie bei Ihrem Auszug wieder ausbauen könnten, gehört diese zum Hausrat.

Generell ausgeschlossen sind jegliche Land- und Wasserfahrzeuge. Mit einer **Sonderklausel** können Sie Ihr **Fahrrad** versichern. Dazu später mehr.

Gegen welche Gefahren ist der Hausrat versichert?

Bei den Standardbedingungen ist der Hausrat nicht gegen alle Gefahren des täglichen Lebens abgesichert. Und da ein Brand im Verständnis des Laien noch lange kein Brand im versicherungstechnischen Sinne sein muss, werden Sie in der Aufstellung der versicherten Gefahren immer ein Beispiel finden, was darunter zu verstehen ist und was nicht.

Vereinbarung von Sonderbedingungen

Durch Sondervereinbarungen können Sie den Schutz erweitern. So können Sie zum Beispiel die **Entschädigungsgrenze für Wertgegenstände** erhöhen, Schäden durch auslaufendes Wasser aus Aquarium oder Wasserbetten absichern, sich gegen die Folgen von Elementarschäden wie zum Beispiel Überschwemmungen oder Erdrutsche schützen, Ihre hochwertigen technischen Geräte gegen Überspannungsschäden absichern.

Im Zeitalter von Computer, Video, Super-TV oder ISDN-Anlage sollte gerade die letzte Klausel in keinem Hausratsvertrag mehr fehlen. Viele Anbieter versichern diese Schäden mittlerweile automatisch ohne Aufpreis mit.

Versicherte Gefahr	Beispiel für einen Versicherungsfall	Beispiel für einen nicht versicherten Fall
Leitungswasser, das ist Wasser, das bestimmungswidrig aus dem Rohrsystem der Wasserversorgung oder den damit verbundenen anderen Einrichtungen ausläuft.	→ Wasser flutet aufgrund eines Rohrbruchs in die Wohnung. → Der Zu- oder Ablaufschlauch der Spülmaschine platzt.	→ Schäden durch eine Überschwemmung.* → Das Aquarium platzt.* → Ein Eimer fällt um.
Sturm ab Windstärke 8 und die Folgeschäden	→ Ein Sturm schlägt einen Baum aufs Dach. → Regenwasser tritt ein und beschädigt die Möbel.	→ Der Sturm peitscht Flugdreck durch ein geöffnetes Fenster. → Die Gartenmöbel werden draußen zerstört.
Hagel und Folgeschäden	→ Hagelkörner zerstören ein Fenster. Gardinen und Möbel werden ruiniert.	→ Auf der Flucht vor dem Hagel haben Sie einen tragbaren Fernseher auf der Terrasse stehen lassen.
Raub, das ist → die Wegnahme mit unmittelbarer Gewalt, → die Wegnahme mit Drohung körperlicher Gewalt, → das Ausnutzen der plötzlichen Beeinträchtigung der Widerstandskraft zur Wegnahme.	→ Der Laptop wird Ihnen entrissen, obwohl Sie die Tasche festhalten. → Sie werden mit einem Messer bedroht, damit Sie den Laptop hergeben. → Sie werden an einem schwülen Tag ohnmächtig und bestohlen.	→ Ein Dieb schleicht sich von hinten heran und stiehlt den Laptop aus der Tasche, ohne dass Sie es bemerken. → Sie liegen sturztrunken am Boden, als man Sie bestiehlt.
Einbruchdiebstahl und Vandalismus danach: → Jemand bricht gewaltsam in ein Gebäude ein. → Jemand eröffnet mit einem illegalen Nachschlüssel ein Gebäude oder ein verschlossenes Behältnis.	→ Der Dieb schlägt das Fenster ein und räumt die Wohnung aus. → Ein Schrank im Fitnesscenter wird aufgebrochen und geleert. → Ein Navigationsgerät wird aus dem Auto gestohlen, das im Parkhaus steht. → Die Diebe finden nicht, was sie suchen und verwüsten die Wohnung.	→ Der Dieb dringt durch die geöffnete Terrassentür ein. → Der Dieb betritt die Wohnung mit einem Originalschlüssel, den er unter der Fußmatte gefunden hat. → Das Fahrrad wird mitgenommen.*

Die mit einem * gekennzeichneten Fälle können Sie gesondert absichern.

Versicherte Gefahr	Beispiel für einen Versicherungsfall	Beispiel für einen nicht versicherten Fall
Brand, das ist ein Feuer, das sich aus eigener Kraft ausbreiten kann.	→ Der Adventskranz entzündet sich und verursacht einen Zimmerbrand. → Ein defektes Elektrokabel entzündet die Gardine.	→ Ihre Lieblings-CD verformt sich durch Sonnenhitze im Auto. → Eine Zigarettenkippe kokelt ein Loch in den Teppich (Sengschaden)
Blitzschlag, darunter versteht man einen direkten Blitzeinschlag und bestimmte Folgeschäden.	→ Der Blitz trifft direkt den Satellitenempfänger auf dem Dach. → Der Blitz fällt einen Baum, dieser fällt durch das Dach in die obere Wohnung und beschädigt Möbel.	→ Der Blitz verursacht eine Überspannung im E-Werk, die Ihren Computer beschädigt (Überspannungsschaden)*.
Explosionen, das sind Gase, die ein plötzliches Freiwerden von Energie verursachen.	→ Eine Mineralwasserflasche explodiert durch starken Druck, weil sie in der Sonne steht, herumfliegende Scherben zerkratzen den Fernsehbildschirm.	→ Eine Flasche platzt, weil die Flüssigkeit gefriert und sich ausdehnt.
Die mit einem * gekennzeichneten Fälle können Sie gesondert absichern.		

Haben Sie oder ein anderes Mitglied Ihres Haushaltes ein teures Fahrrad? Dann sollten Sie über eine Erweiterung Ihrer Hausratversicherung durch eine Klausel nachdenken, die Sie vor den finanziellen Folgen des Fahrraddiebstahls schützt. Falls Ihr Versicherer diese Klauseln nicht im Programm hat oder das Rad besonders teuer ist, können Sie bei einigen wenigen Gesellschaften auch eine separate **Fahrradversicherung** abschließen.

Bevor Sie sich danach aber zu sicher fühlen, lesen Sie genau in den Bedingungen nach, wann Ihr Rad überhaupt abgesichert ist. So zahlen zum Beispiel die meisten Hausratversicherer nicht, wenn das Fahrrad zwischen 22:00 Uhr am Abend und 6:00 Uhr am Morgen auf der Straße steht. Selbst wenn Sie es mit Ketten am Baum festbinden. In diesem Fall hilft nur: Versicherer wechseln.

Wo ist der Hausrat versichert?

Ihre Habe ist zunächst einmal in der Wohnung und in den Nebengebäuden inklusive privat genutzter Garage versichert, deren Adresse im Versicherungsschein genannt ist. Während eines Umzugs ist der Hausrat in beiden Wohnungen geschützt.

Mit einer Begrenzung auf zehn Prozent der Versicherungssumme, höchstens jedoch 10.000 Euro, ist der Hausrat nach den heute verwendeten Bedingungen weltweit auf Reisen versichert.

Im Zusammenhang mit Urlaubsfahrten kommt es oft zu einem weiteren Ärgernis, wenn Gegenstände aus dem Auto gestohlen werden. Ein Einbruchdiebstahl liegt auch dann vor, wenn jemand innerhalb eines Gebäudes ein verschlossenes Behältnis aufbricht. Übertragen auf das Auto bedeutet dies: Befindet sich der Wagen, der in diesem Fall das verschlossene Behältnis darstellt, in einem Gebäude, etwa in einer Garage, sind die Gegenstände, die sich darin befinden, versichert. Steht das Auto auf der Straße, ist es zwar immer noch ein verschlossenes Behältnis, es befindet sich jedoch nicht in einem Gebäude und damit sind Gegenstände, die im Auto liegen, unversichert.

Nachdem sich einige Gerichte nicht einig waren, ob diese Regelung sich für den rechtsunkundigen Laien aus den Versicherungsbedingungen ergibt, haben nun eine Reihe von Gesellschaften ihre Bedingungen dahingehend geändert, dass auch der Aufbruch auf der Straße grundsätzlich versichert ist. Wenn nicht gerade wieder einmal grobe Fahrlässigkeit unterstellt wird. Dazu gleich mehr.

Wert des Hausrats und die Unterversicherung

Sind Gegenstände zerstört oder gestohlen worden, zahlt die Versicherung die Summe, die Sie benötigen, um gleichwertige Sachen neu zu kaufen. Diesen Wert nennt man **Wiederbeschaffungswert**. Für beschädigte Sachen ersetzt der Versicherer die Reparaturkosten und bei einer Wertminderung einen Ausgleich in Geld.

Insbesondere bei technischen Geräten kann dies dazu führen, dass Sie weitaus weniger Geld bekommen, als Sie ursprünglich dafür ausgegeben haben. Hat zum Beispiel ein PC vor zwei Jahren noch 700 Euro gekostet, so müssen Sie für ein vergleichbares Gerät heute nur noch die Hälfte oder sogar weniger aufwenden.

Sind Teile Ihres Hausrats lediglich beschädigt, werden die für die Reparatur benötigten Kosten ersetzt. Darüber hinaus erhält man die Kosten für das Aufräumen und zum Beispiel den Abtransport des Brandabfalls. Ist die Wohnung unbenutzbar, werden die Kosten für das Hotel und die Unterbringung des Hausrats für maximal 100 Tage übernommen. Ist durch einen Versicherungsfall der Hausschlüssel abhandengekommen, wird die Schlossänderung übernommen. In gemieteten Wohnungen gibt es auch noch Ersatz bei Leitungswasserschäden für Tapeten und Bodenbeläge.

Bevor Sie nun einen Vertrag abschließen oder vielleicht Ihren bestehenden ändern oder zu einem anderen Versicherungsunternehmen wechseln, müssen Sie den Gesamtwert Ihres Hausrats ermitteln, der dann der Versicherungssumme entspricht. Dazu gibt es zwei Möglichkeiten:

Konkrete Wertermittlung

Sie gehen mit einer Liste durch die Wohnung und ermitteln konkret den Anschaffungspreis für jeden Gegenstand (siehe Seite 130 ff.). Das ist zwar sehr aufwendig, hat aber den Vorteil, dass Sie weder über- noch unterversichert sind und keine zu hohe Versicherungsprämie zahlen müssen. Außerdem haben Sie gleichzeitig eine Liste erstellt, mit der Sie zum Beispiel nach einem Einbruchdiebstahl ermitteln können, was fehlt.

Doch kein Vorteil ohne Nachteil: Neben dem großen Aufwand, der nötig ist, werden Sie in vielen Fällen nicht mehr wissen, wie hoch der Neupreis für die Anschaffungen war. Der entscheidende Haken ist jedoch, dass die Versicherung im Schadensfall von Ihnen nicht nur den Nachweis über die gestohlenen oder zerstörten Gegenstände verlangt, sondern darüber hinaus noch prüft, ob Sie möglicherweise unterversichert sind. Welche Folgen dies haben kann, lässt sich am besten an einem Beispiel darstellen.

Gesamtwert ihres Hausrats:	200.000 €
Versicherungssumme ihrer Police	100.000 €
Schaden nach einem Zimmerbrand:	50.000 €

Nun könnte man meinen, dass der Schaden vollständig ersetzt wird, da er noch unter der Versicherungssumme liegt. Weit gefehlt. Da die Versicherungssumme nur der Hälfte des Wertes Ihres Hausrats entspricht, erhalten Sie auch nur den halben Schadensersatz in Höhe von 25.000 Euro.

Tabelle zur Ermittlung des Hausrat-Neuwertes

Nur Neupreise einsetzen (außer zu nicht mehr benutzen alten Sachen)

	Wohnen	Essen	Schlafen	Kinder	Küche
Möbel, Schränke, Stühle, Tische, Polstermöbel, Matratzen					
Schrankinhalt (Bücher, Geschirr, Gläser, Wäsche, Kleidung. Schuhe, Schallplatten, Taschen, Koffer, CDs, Schallplatten)					
Nicht verklebter Teppichboden, Läufer, Gardinen, Jalousien, Vorhänge					
Echte Teppiche, Kunstgegenstände*, Pelze*					
Gold-, Silbersachen*, Schmuck*					
Münzen*, Briefmarken*, Bargeld*					
Leuchten, Spiegel, Bilder, Uhren					
Fernsehen, Phono, Video, DVD, Musikinstrumente, Handy, PC, Laptop					
Film-, Fotoausrüstung, Filme, Fotos					
Elektrische Geräte (Kühlschrank, Herd, Geschirrspüler, Waschmaschine, Tiefkühltruhe, Staubsauger					

* Achtung: Entschädigungsgrenzen und Aufbewahrungsvorschriften beachten

Tabelle zur Ermittlung des Hausrat-Neuwertes

Nur Neupreise einsetzen (außer zu nicht mehr benutzen alten Sachen)

	Bad	Flur	Boden/ Keller	Gäste/ Arbeiten	Garten
Möbel, Schränke, Stühle, Tische, Polstermöbel, Matratzen					
Schrankinhalt (Bücher, Geschirr, Gläser, Wäsche, Kleidung. Schuhe, Schallplatten, Taschen, Koffer, CDs, Schallplatten)					
Nicht verklebter Teppichboden, Läufer, Gardinen, Jalousien, Vorhänge					
Echte Teppiche, Kunstgegenstände*, Pelze*					
Gold-, Silbersachen*, Schmuck*					
Münzen*, Briefmarken*, Bargeld*					
Leuchten, Spiegel, Bilder, Uhren					
Fernsehen, Phono, Video, DVD, Musikinstrumente, Handy, PC, Laptop					
Film-, Fotoausrüstung, Filme, Fotos					
Elektrische Geräte (Kühlschrank, Herd, Geschirrspüler, Waschmaschine, Tiefkühltruhe, Staubsauger					

* Achtung: Entschädigungsgrenzen und Aufbewahrungsvorschriften beachten

10

	Wohnen	Essen	Schlafen	Kinder	Küche
Spielzeug, Sportgeräte, Camping, Fahrräder, Kinderwagen					
Werkzeug, Gartengeräte, -möbel					
Vorräte (z. B. Weine)					
Sonstiges (z.B. Badzubehör, Sanitäre Anlagen, Gegenstände im Keller oder auf dem Dachboden)					
Selbst ermittelter Hausrat-Neuwert					
Versicherungssumme zurzeit					

* Achtung: Entschädigungsgrenzen und Aufbewahrungsvorschriften beachten

Problem Unterversicherung

Liegt eine Unterversicherung vor, wird die Ersatzleistung in dem Verhältnis gekürzt, die dem Verhältnis von Versicherungssumme zum Gesamtwert des Hausrats entspricht. Dieser Problematik können Sie ausweichen, indem Sie die Versicherungssumme entsprechend der Größe ihrer Wohnung in Quadratmetern berechnen.

Quadratmeter-Lösung

Bei dieser Berechnung unterstellen Sie, dass sich in Ihrer Wohnung Gegenstände im Wert von 600 Euro je Quadratmeter befinden. Die Versicherungssumme ergibt sich aus der Multiplikation der Quadratmeter mit diesem Betrag. Bei einer Wohnungsgröße von 100 Quadratmetern ergäbe sich damit eine Versicherungssumme in Höhe von 60.000 Euro.

	Bad	Flur	Boden/ Keller	Gäste/ Arbeiten	Garten
Spielzeug, Sportgeräte, Camping, Fahrräder, Kinderwagen					
Werkzeug, Gartengeräte, -möbel					
Vorräte (z. B. Weine)					
Sonstiges (z.B. Badzubehör, Sanitäre Anlagen, Gegenstände im Keller oder auf dem Dachboden)					
Selbst ermittelter Hausrat-Neuwert					
Versicherungssumme zurzeit					
* Achtung: Entschädigungsgrenzen und Aufbewahrungsvorschriften beachten					

Nachteil dieses Verfahrens: Diese Berechnung ist nicht sehr genau. Sie kann zu einer erheblichen Über- oder Unterversicherung führen. Insbesondere im letzteren Fall sollten Sie sie auf keinen Fall anwenden. Am besten wählen Sie einen Versicherer mit Vertretungsnetz aus und ermitteln gemeinsam mit dem Vertreter der Gesellschaft den Wert Ihres Hausrats.

Sollte sich dann im Schadensfall wiederum herausstellen, dass Sie unterversichert sind, kann die Gesellschaft dies nicht zu ihren Gunsten ins Feld führen. Der Fehler bei der Wertermittlung würde dann bei ihrem eigenen Mitarbeiter liegen. Auf diesen Fehler kann sie sich dann nicht zulasten des Versicherten berufen.

Vorteil dieser Methode: Sie ersparen sich eine aufwendige Ermittlung des Preises eines jeden Gegenstandes. Die Versicherung wird im Schadensfall nicht prüfen, ob Sie unterversichert sind. Denn wenn Sie die Quadratmeterpauschale wählen, wird die sogenannte Unterversicherungsverzichtsklausel Teil Ihres Vertrages.

Stellt sich nach einem Schaden heraus, dass Sie doch unterversichert sind, erhalten Sie trotzdem die volle Versicherungssumme. Mit den Werten unseres Beispiels,

Gesamtwert ihres Hausrats	200.000 €
Versicherungssumme Ihrer Police	100.000 €
Schaden nach einem Zimmerbrand	50.000 €

erhalten Sie in diesem Fall dank der »Unterversicherungsverzichtsklausel« 50.000 Euro und nicht nur 25.000 Euro ausgezahlt.

Häufige Probleme im Schadensfall

Insbesondere nach einem großen Einbruchdiebstahl fällt es Versicherten oft sehr schwer, den Nachweis zu erbringen, was genau gestohlen wurde. Oder haben Sie vielleicht die Quittungen aller Anschaffungen für Ihren Haushalt aufbewahrt?

!

Hinweis

Melden Sie Ihrer Assekuranz gefahrerhöhende Umstände. Wird zum Beispiel ein Gerüst am Haus errichtet, muss die Versicherung dies wissen. Steigt ein Dieb über ein nicht gemeldetes Gerüst ein, kann Ihre Gesellschaft den Schadensersatz mit der Begründung kürzen oder gar verweigern, dass Sie nach den Versicherungsbedingungen verpflichtet sind, solche Gefahrerhöhungen zu melden.

Es empfiehlt sich daher, in regelmäßigen Abständen mit einer Videokamera oder einem Fotoapparat den gesamten Haushalt zu dokumentieren. Wenn Sie Ihrer Versicherung im Schadensfall beweisen können, dass Sie etwas besessen haben, wird sich die Gesellschaft erfahrungsgemäß danach nicht mehr bei der Ermittlung des Neupreises für ein gleichwertiges Gerät querstellen.

Für die Zukunft sollten Sie an einer sicheren Stelle im Haus ein Kästchen oder eine Mappe aufbewahren, in das oder in die Sie ungeordnet einfach sämtliche Quittungen hineinlegen Ordnen können Sie sie immer noch dann, wenn Sie sie tatsächlich einmal benötigen.

Ein Einbruch in die Wohnung ist für die meisten Menschen schon unter psychischen Gesichtspunkten sehr schlimm. Man fühlt sich bedroht und hat vielleicht Angst, dass sich der Vorfall wiederholt und möglicherweise sogar Gewalt angewandt wird. Besonders ärgerlich ist es, wenn dann noch zusätzlich die Versicherung die Zahlung ganz oder zum Teil mit der Begründung verweigert, man habe den Schadensfall selbst grob fahrlässig herbeigeführt. Nach der Definition der Juristen ist dies dann der Fall, wenn man die elementarsten Vorsorgemaßnahmen, die einem jeden vernünftig denkenden Menschen als selbstverständlich erscheinen, außer Acht gelassen hat. Wann diese Voraussetzungen erfüllt sind, ist allerdings auch unter Versicherungen und Gerichten umstritten.

Beispiel

So hat eine Versicherung vor einigen Jahren folgenden Fall als grob fahrlässig eingestuft und wollte keinen Schadensersatz leisten: In der Vorweihnachtszeit hatte ein junger Mann den Frühstückstisch gedeckt und schon den Adventskranz angezündet. Er ging zu seiner Frau ins Schlafzimmer, um sie zu wecken. Diese verführte ihn aber dazu, noch einmal ins Bett zu kommen. Unterdessen fing der Adventskranz Feuer, und es entstand ein Schaden in Höhe von 30.000 Euro. Die Versicherung zahlte nicht. Das Gericht sah den Fall anders. Nach Befragung der jungen Frau kam der Richter zu dem Ergebnis, dass der junge Mann nicht damit rechnen musste, dass sie ihn an diesen Morgen verführen würde. Er musste daher auch nicht vor dem Verlassen der Küche die Kerzen löschen. Die Gesellschaft wurde zur Zahlung verurteilt.

Dieses Urteil bestätigt folgende Tendenz in der Rechtsprechung: Verlassen Sie ein Zimmer, in dem Kerzen brennen, wissentlich für einen längeren Zeitraum, müssen Sie die Kerzen löschen. Andernfalls kann bei einem Brand die Versicherung mit dem Vorwurf der groben Fahrlässigkeit die Zahlung zumindest teilweise, schlimmstenfalls ganz verweigern.

Ähnliches gilt, wenn man das Haus verlässt. Wer weiß, dass er über einen längeren Zeitraum nicht im Hause sein wird, muss vor dem Gehen sämtliche Fenster und Türen verschließen. Es reicht auch nicht, dass die Haustür ins Schloss gezogen wird. Sie muss mit dem Schlüssel abgeschlossen werden.

Wer aber unverhofft auf einem geplanten ganz kurzen Gang – etwa zum Mülleimer –aufgehalten wird und dann vergisst, dass zum Beispiel ein Fenster auf Kipp steht, erhält den Schadensersatz, wenn ein Dieb diese Abwesenheit ausnutzt.

Sehr ärgerlich können für Sie als Betroffenem die immer ausgefeilteren Einbruchsmethoden sein. Wenn nämlich die Polizei keine unmittelbaren Spuren feststellt, ist die Wahrscheinlichkeit hoch, dass die Versicherung den Schadensersatz verweigert. Sie wird Ihnen wahrscheinlich unterstellen, zum Beispiel eine Terrassentür offen gehabt zu haben. So paradox dies klingt: Besondere Sicherungsmaßnahmen an Türen und Fenster »zwingen« potenzielle Diebe dazu, brutaler vorzugehen und so ihre Spuren zu hinterlassen.

Die Versicherungsgesellschaft leistet übrigens nach einem Einbruch nur dann, wenn Sie die Polizei gerufen, eine Anzeige erstattet und eine vollständige **Stehlgutliste**, also eine Auflistung aller gestohlenen Gegenstände, erstellt haben.

Wohngebäudeversicherung

Für Wohneigentümer ist eine Wohngebäudeversicherung ein Muss. Als Mieter einer Wohnung oder eines Hauses können Sie sich das folgende Kapitel schenken, es sei denn, Sie wollen mit Ihrem Vermieter darüber sprechen, ob und wie der Versicherungsschutz geändert werden sollte. Denn in der Regel wird Mietern in der Nebenkostenabrechnung ein Teil der Kosten für die Gebäudeversicherung in Rechnung gestellt.

Die Wohngebäudeversicherung übernimmt die Kosten für Schäden, die durch folgende Gefahren verursacht worden sind:

- **Leitungswasser**, das ist Wasser, das bestimmungswidrig aus dem Rohrsystem der Wasserversorgung oder den damit verbundenen anderen Einrichtungen, wie zum Beispiel der Warmwasserheizungsanlage ausläuft.
- **Sturm** ab Windstärke 8 und die Folgeschäden; Hagel und Folgeschäden.
- **Brand**, das ist ein Feuer, das sich aus eigener Kraft ausbreiten kann.
- **Blitzschlag**, das ist ein direkter Blitzeinschlag und bestimmte Folgeschäden, sowie
- **Explosionen**.

Durch Sondervereinbarungen können Sie diesen Schutz erweitern. Die Klimaveränderungen der vergangenen Jahre lassen es sinnvoll erscheinen, sogenannte **Elementarschäden** durch Zusatzklauseln mitzuversichern.

Sie haben dann Schutz vor den Folgen von

- Erdbeben, -senkung, -rutsch,
- Schneelast,

- Lawinen und
- Hochwasser.

Viele Versicherer nehmen allerdings für diese Sonderrisiken eine penible Risikoprüfung vor. Sie sind auch häufig nicht bereit, Schäden zu ersetzen. Die Vereinbarung eines Selbstbehaltes ist in diesem Bereich üblich. Falls Sie noch in der Phase der Hausfinanzierung sind, sollten Sie großen Wert darauf legen, keinen oder nur einen geringen Selbstbehalt zu vereinbaren. Andernfalls könnte zum Beispiel ein Selbstbehalt von fünf Prozent bei einem Totalschaden des Hauses die gesamte Finanzierung »über den Haufen werfen«.

Gebäudewert und Unterversicherung

Nach großen Brandschäden kommt es oft zwischen Versichertem und Versicherung zu einer Auseinandersetzung darüber, ob das Haus unterversichert ist oder nicht. Ist dies der Fall, muss der Kunde im Fall eines Totalschadens mit empfindlichen Einbußen rechnen. Aber auch bei Teilschäden wird dann gekürzt. Wie das Prinzip der Kürzung bei Unterversicherung funktioniert, konnten Sie ausführlich im Kapitel zur Hausratversicherung nachlesen (siehe Seite 121 ff.).

Hinweis

Um dem Problem, dass die Versicherung bei Unterversicherung Kürzungen im Leistungsfall vornimmt, aus dem Weg zu gehen, sollten Sie den Wert des Hauses bei einer Gesellschaft, die mit Vertretern arbeitet, gemeinsam mit dem Vertreter auf dem Antragsformular feststellen und eintragen. Achten Sie in diesem Fall darauf, dass der Mitarbeiter den Antrag mit unterzeichnet und dass der Versicherungsvermittler das Vermittlerprotokoll korrekt ausfüllt.

Stellt sich nun in einem Schadensfall heraus, dass der Wert falsch berechnet worden ist, muss sich die Versicherungsgesellschaft den Fehler ihres Vertreters als Eigenverschulden anrechnen lassen und kann nicht wegen Unterversicherung die Leistung kürzen.

Haben Sie einen Versicherer ohne Außendienst gewählt, sollten Sie darauf achten, die Anleitung zur Wertermittlung im Fragebogen beziehungsweise Antragsformular genau zu befolgen.

Bei der Wert- und auch bei der Preisermittlung werden Sie auf die **»Versicherungssumme 1914«** stoßen. Dies ist ein recht antiquiertes Vehikel zur Berechnung der Versicherungssumme. Es wird zuerst ausgerechnet, welche Summe theoretisch benötigt worden wäre, wäre Ihr Haus in jenem Jahr erbaut worden. Auf der Grundlage dieses Betrages wird mit einem Kostensteigerungsfaktor die aktuelle Versicherungssumme berechnet.

Es gibt aber mittlerweile auch eine Reihe von Gesellschaften, die auf diese komplizierte Berechnung verzichten und gleich den aktuellen Neubauwert ermitteln oder die Versicherungssumme entsprechend der Wohnfläche feststellt.

Insbesondere nach kleineren Brandschäden oder nach Leitungswasserschäden verweigern die Versicherer oftmals die Übernahme aller Kosten. Sie bieten lediglich einen Teil an und begründen dies damit, dass mehr repariert wurde, als überhaupt beschädigt war oder dass der Kunde nunmehr ein höherwertiges Bad nach der neuen Verfliesung habe als vorher.

Die Gerichte haben diese Fälle wie folgt beurteilt: Je älter zum Beispiel ein Bad ist und je weniger man einzeln ausgetauschte Fliesen erkennen kann, desto eher ist dem

Versicherten zuzumuten, dass nur die unmittelbar vom Wasserschaden betroffene Stelle repariert wird. Dies ist zum Beispiel der Fall, wenn ein Wasserschaden hinter der Toilette oder in einer Ecke an der Badewanne eintritt, die man nicht gleich sieht.

Wenn aber der Schaden zum Beispiel durch einen Rohrbruch mitten in der Wand auftritt, muss die Versicherungsgesellschaft die Kosten für die komplette Verfliesung des Bades übernehmen.

Um hier von Anfang an möglichem Ärger aus dem Weg zugehen, bietet es sich an, einen unabhängigen vereidigten **Bausachverständigen** mit der Begutachtung des Schadens zu beauftragen. Namen und Adressen erfahren Sie bei den Handwerkskammern. Mit seinem Gutachten haben Sie zum Beispiel bei einem kleinen Brandschaden am Dachgebälk die Möglichkeit zu beweisen, dass nicht nur Latten auf einer Länge von drei Metern, sondern aus Sicherheitsgründen gleich ein ganzer Dachbalken mit den dazugehörenden Streben ausgetauscht werden musste.

Kündigungsfristen bei Hausverkauf

Wenn Sie Ihr Haus verkauft haben, kann der Käufer den Vertrag mit der Versicherung fristlos oder zum Ende des laufenden Versicherungsjahres kündigen. Kündigt er fristlos, so haben Sie Anspruch auf Rückzahlung des nicht in Anspruch genommenen Anteils des Versicherungsbeitrags für das restliche Versicherungsjahr.

Die Versicherung wird die Kündigung nur akzeptieren, wenn Sie einen unbeglaubigten Grundbuchauszug vorlegen, der bezogen auf das Ende des Vertrages nicht älter als drei Monate sein darf. Und sie wird weiterhin verlangen, dass alle Gläubiger, die noch im Grundbuch eingetragen sind, ihre Zustimmung zu dem Wechsel schriftlich geben müssen. Die Versicherung stützt sich bei diesem Verlangen auf § 144 des Versicherungsvertragsgesetzes.

Es ist übrigens bei einer ordentlichen Kündigung sinnlos, der Einfachheit halber den Grundbuchauszug gleich mit der Kündigung zu übersenden, da Sie für die Kündigung die Frist von drei Monaten einhalten müssen, der Auszug aber noch nicht so alt sein darf. Dazu folgendes Beispiel:

Das Versicherungsjahr endet am	1.11.
Die Kündigung muss spätestens vorliegen am	31.7.
Der Auszug darf frühestens ausgestellt sein am	1.8.

Wenn im Grundbuch noch Gläubiger eingetragen sind, die schon lange kein Geld mehr zu bekommen haben, sollten Sie es zuerst berichtigen und danach den Auszug erstellen lassen. Andernfalls müssten Sie von den eingetragenen Gläubigern eine Einverständniserklärung vorlegen, obwohl zum Beispiel das Darlehen längst abgelöst ist.

Sinn der ganzen Prozedur ist es, dass das Haus zum Schutz der Gläubiger immer versichert ist. § 144 des Versicherungsvertragsgesetzes besagt aber auch, dass kein Gläubiger ohne ausreichenden Grund seine Zustimmung zur Kündigung oder zur Auswahl eines neuen Versicherers verweigern darf. Ihre Hausbank darf daher zum Beispiel nicht darauf pochen, dass Sie weiter bei dem teuren Versicherer versichert sind, mit dem die Bank zusammenarbeitet.

Buchtipp

Weitere Informationen finden Sie im Pocket-Ratgeber »Versicherungen für Haus und Wohnung«, siehe Seite 216.

11

Wie versichern Sie sich richtig … gegen das Risiko hoher Prozesskosten?

Rechtsschutzversicherung

Glaubt man der Werbung, benötigt jeder eine Rechtsschutzversicherung. Überall lauern Prozesse, und diese Versicherung ist der einzige Freund, auf den man sich verlassen kann. Aber gerade das Gegenteil ist oft der Fall. Wichtige und besonders kostenträchtige Risiken sind ausgeschlossen. Kein Rechtsschutz im Fall der Scheidung, beim Streit um das gekaufte Haus oder Grundstück. Sozialrechtliche Streitigkeiten sind nur versichert, wenn sie vor dem Sozialgericht durchgeführt werden, und die Kosten für außergerichtliche Einigung mit dem Arbeitgeber werden auch nicht übernommen.

Also purer Luxus? Nicht ganz – aber prüfen Sie selbst, ob Sie zu einer der Risikogruppen gehören.

Eine Rechtsschutzversicherung kann sich lohnen, wenn beispielsweise eine der folgenden Situationen auf Sie zutrifft:

- Sie haben einen sehr schwierigen Vermieter,
- Sie arbeiten in einer unsicheren Branche.
- Sie haben Verträge, bei denen es im Streit auf kostenträchtige Gutachten ankommt, wie zum Beispiel die Berufsunfähigkeitsversicherung und fürchten, dass da »etwas auf Sie zukommt«.
- Sie nehmen erheblich mehr als der Durchschnittsautofahrer am Straßenverkehr teil.

Prüfen Sie, ob in Ihrem Umfeld konkret Prozessrisiken bestehen. Stellen Sie anhand der nebenstehenden Tabelle fest, ob Sie diese Risiken absichern können. Greifen Sie nicht gleich zum Rundumschutz, wie zum Beispiel Privat-, Berufs- und Verkehrsrechtsschutz für Nichtselbstständige, sondern versuchen Sie sich durch gezielte Auswahl der Bausteine kostengünstig abzusichern.

Wenn ein Rechtsstreit schon konkret droht, ist der Abschluss einer Versicherung zumeist sinnlos. Streitigkeiten, die ihren Ursprung vor dem Ablauf der dreimonatigen **Wartefrist** haben, sind ebenfalls nicht versicherbar.

Leistungen der Rechtsschutzversicherung

Sparte	Versicherte Leistungen	Vom Rechtsschutz ausgeschlossen
Verkehrsrechtsschutz	→ Streitigkeiten aus Verträgen, die im Zusammenhang mit dem Kfz entstanden sind, zum Beispiel Kfz-Kaufvertrag → Verteidigung im Bußgeldverfahren, (Ordnungswidrigkeiten im Verkehr) → Verteidigung im Strafrechtsverfahren → Steuerstreitigkeiten vor Gericht (zum Beispiel Kfz-Steuer) → Durchsetzung von Schadensersatzansprüchen	→ Verstoß gegen Halte- und Parkverbot → Vorsätzliche Straftaten → Außergerichtliche Steuerstreitigkeiten → Abwehr von Schadensersatzansprüchen
Eigentümer- und Mietrechtsschutz	→ Streitigkeiten bei mietrechtlichen und grundstücksbezogenen Problemen → Steuerstreitigkeiten vor Gericht	→ Kauf oder Verkauf eines Baugrundstücks → Planung, Bau oder bauliche Änderung eines Hauses oder einer Eigentumswohnung → Enteignung → Steuerliche Bewertung des Grundstücks → Erschließung- oder Anliegerabgaben

11

Sparte	Versicherte Leistungen	Vom Rechtsschutz ausgeschlossen
Privat- und Berufsrechtsschutz für Arbeitnehmer sowie Privat- und Berufsrechtsschutz für Selbstständige	⇢ Durchsetzung von allgemeinen Schadensersatzansprüchen ⇢ Steuerstreitigkeiten vor Gericht ⇢ Verteidigung im Strafverfahren außer Verkehr ⇢ Verteidigung im Bußgeldverfahren ⇢ Arbeitsrechtliche gerichtliche Streitigkeiten ⇢ Streit aus Verträgen, Eigentum und Besitz ⇢ Streit vor dem Sozialgericht ⇢ Einmalige Beratung nach Eintritt eines familien- oder erbrechtlichen Falles	⇢ Abwehr von allgemeinen Schadensersatzansprüchen ⇢ Vorsätzlich begangene Straftaten ⇢ Vorsätzlich begangene Ordnungswidrigkeiten ⇢ Kollektives Arbeitsrecht ⇢ Baufinanzierung ⇢ Mietverträge ⇢ Widerspruchsverfahren ⇢ Gerichtliche Streitigkeiten in Familien und Erbrecht oder rein vorsorgliche Beratung dazu
Privat-, Berufs- und Verkehrsrechtsschutz für Arbeitnehmer Privat-, Berufs- und Verkehrsrechtsschutz für Selbstständige	⇢ Durchsetzung von allgemeinen Schadensersatzansprüchen ⇢ Steuerstreitigkeiten vor Gericht ⇢ Verteidigung im Strafverfahren außer Verkehr ⇢ Verteidigung im Bußgeldverfahren ⇢ Arbeitsrechtliche gerichtliche Streitigkeiten ⇢ Streit aus Verträgen, Eigentum und Besitz ⇢ Streit vor dem Sozialgericht	⇢ Abwehr von allgemeinen Schadensersatzansprüchen ⇢ Vorsätzlich begangene Straftaten ⇢ Vorsätzlich begangene Ordnungswidrigkeiten ⇢ Kollektives Arbeitsrecht ⇢ Baufinanzierung ⇢ Mietverträge ⇢ Widerspruchsverfahren ⇢ Gerichtliche Streitigkeiten in Familien und Erbrecht oder rein vorsorgliche Beratung dazu
Der versicherte Personenkreis richtet sich nach der Versicherungssparte.		

Verkehrsrechtsschutz

Im Verkehrsrechtsschutz ist der Versicherungsnehmer als Eigentümer, Halter, Fahrer oder Insasse aller auf ihn zugelassenen Kraftfahrzeuge geschützt. Weiterhin hat er Schutz als Mieter eines Mietwagens, Fahrer fremder Fahrzeuge, Fußgänger, Radfahrer und als Fahrgast in öffentlichen Verkehrsmitteln. Darüber hinaus sind alle rechtmäßigen Fahrer und Insassen der für den Versicherungsnehmer versicherten Fahrzeuge abgesichert.

Eigentümer- und Mietrechtsschutz

Im Eigentümer- und Mietrechtsschutz ist der Versicherungsnehmer je nach Inhalt des Vertrages als Mieter, Pächter, Nutzungsberechtigter, Eigentümer, Vermieter oder Verpächter geschützt.

Selbst Vertreter unterscheiden oft nicht zwischen der Eigenschaft als Mieter oder Vermieter. Wenn Sie einen Rechtsschutzvertrag als Vermieter oder Verpächter abschließen wollen, achten Sie unbedingt darauf, dass Sie in dieser Eigenschaft ausdrücklich in der Police benannt sind. Andernfalls haben Sie gegenüber Ihren Mietern keinerlei Rechtsschutz.

Privat- und Berufsrechtsschutz

Privat- und Berufsrechtsschutz für Arbeitnehmer beziehungsweise Selbstständige: Hier genießen der Versicherungsnehmer, sein Ehegatte oder Lebensgefährte und die minderjährigen Kinder sowie die volljährigen unverheirateten, nicht berufstätigen Kinder bis zum 25. Lebensjahr gemeinsam in einem Vertrag Rechtsschutz. Der Berufsrechtsschutz bezieht sich je nach Vereinbarung nur auf die abhängige oder selbstständige Beschäftigung.

! **Hinweis**

Viele Versicherer schließen die anwaltliche Beratung von Arbeitnehmern anlässlich der einvernehmlichen Beendigung eines Arbeitsverhältnisses vom Versicherungsschutz aus. Wird also zum Beispiel durch die Tätigkeit des Rechtsanwalts ein einvernehmlicher Aufhebungsvertrag geschlossen, müssen Sie nach dem Willen der Assekuranzen den Anwalt selbst zahlen.

Um mögliche **Ausschlüsse** zu vermeiden, lassen Sie sich von ihrem Arbeitgeber schriftlich bestätigen, dass er Ihnen auf jeden Fall aus betrieblichen Gründen gekündigt hätte, wenn es nicht zu einer einvernehmlichen Aufhebung gekommen wäre. Die Landgerichte Baden-Baden und Hannover haben in einem solchen Fall entschieden, dass die Rechtsschutzversicherung sich hier nicht aus der Verantwortung stehlen kann.

Welche Kosten übernimmt die Versicherung?

Die Rechtsschutzversicherung übernimmt grundsätzlich sämtliche gesetzliche Gebühren der Rechtsanwälte und des Gerichts. Weiterhin übernimmt sie die Kosten, die zum Beispiel für Zeugen, Sachverständige oder Gerichtsvollzieher entstehen. Wenn Sie in einem Prozess vor einem ausländischen Gericht erscheinen müssen, zahlt die Versicherung in diesem Fall auch die Reisekosten.

Die Versicherung ersetzt die Kosten bis zur Höhe der vereinbarten Versicherungssumme. Bei neueren Verträgen liegt diese Summe bei rund 150.000 Euro.

Die **Wartezeiten** sind nicht einheitlich geregelt. Die meisten Gesellschaften verlangen eine Wartezeit von drei Monaten nach Beginn des Vertrages. Manche bestehen auf einer Wartezeit von sechs Monaten, insbesondere beim Arbeitsrechtsschutz und dem Rechtsschutz für Wohnungen und Grundstücke.

Für und Wider genau abwägen

Falls Sie nach dem Lesen dieser Zeilen daran zweifeln, ob es wirklich eine umfassende Rechtsschutzversicherung sein muss, hier noch drei abschließende Hinweise, von denen zwei Sie vielleicht davon überzeugen können, den Vertrag aus Ihrem Versicherungsordner zu verbannen.

Eigentümer von Häusern und/oder Eigentumswohnungen erhalten als Mitglied eines **Grundeigentümervereins** fundierte juristische Beratungen zu allen Fragen, die zum Beispiel die Vermietung betreffen. Mieter erhalten diesen Service, wenn sie zum Beispiel Mitglied des **Mieterbundes** werden. Beide Personengruppen können im Übrigen im Rahmen der Mitgliedschaft verbilligte Rechtsschutzversicherungen für ihre Belange abschließen.

Im Rahmen jeder Haftpflichtversicherung sind Sie automatisch gegen unbegründete oder überhöhte Schadensersatzansprüche von Dritten rechtsschutzversichert.

Falls Sie dennoch eine Rechtsschutzversicherung abschließen wollen,

Beispiel

Sie setzen sich in der Bahn versehentlich auf die teure Brille Ihres Sitznachbarn, Wert 2.000 Euro. Er hatte sie dummerweise unter dem Fahrplan abgelegt. Ihre Haftpflichtversicherung zahlt 1.000 Euro mit der Begründung, Sie seien nicht allein schuld, und Ihr Nachbar hätte besser auf seine Sachen aufpassen sollen. Der Herr verklagt Sie auf Schadensersatz in Höhe von weiteren 1.000 Euro. In diesem Fall können Sie sich auf Kosten der Haftpflichtversicherung einen Anwalt suchen oder gleich von ihr bestellen lassen. Gibt der Richter Ihrem ehemaligen Sitznachbarn unerwartet Recht, muss sie darüber hinaus die Kosten für das Gericht sowie den Anwalt des Gegners übernehmen und den Schadensersatz zahlen.

achten Sie darauf, dass Ihr Anwalt eine **Deckungszusage** erzwingen kann und der sogenannte Stichentscheid Teil der Bedingungen ist. Wenn die Versicherung annimmt, eine Sache verspreche keinen Erfolg, kann sie die Deckungszusage zunächst ablehnen. Diese Entscheidung kann entweder durch den eigenen Anwalt des Versicherten per Stichentscheid oder durch ein Schiedsverfahren eines fremden Anwalts für beide Seiten bindend entschieden werden.

Bei Streitigkeiten, die sich aus laufenden Verträgen ergeben, ist es besonders wichtig, dass Sie nur einen Anbieter wählen, der das Risiko des sogenannten **Folgeereignisses** abdeckt.

Beispiel

Sie haben einen Mietvertrag im Jahr 2003 unterschrieben. Sie haben 2007 eine Rechtsschutzversicherung abgeschlossen. Im Jahr 2011 streiten Sie sich mit dem Vermieter über Vertragsverletzungen. Sie erhalten keinen Rechtsschutz.

Nach der kundenunfreundlichen »Verstoßtheorie« gewährt der Versicherer nur dann Rechtsschutz, wenn sowohl der Schaden als auch seine Ursache nach Abschluss des Rechtsschutzvertrages liegen.

Nach der kundenfreundlichen Folgeereignistheorie reicht es aus, dass der Vertrag zum Zeitpunkt des Streits besteht. Im oben genannten Beispiel besteht also Rechtsschutz.

Mediation in der Rechtsschutzversicherung

Einige Anbieter bieten seit 2010 an, bei bestimmten Streitigkeiten die Kosten für eine Mediation zu übernehmen. Unter Mediation versteht man den Versuch, den Streit durch einen eigens dafür ausgebildeten Mediator **außergerichtlich** beizulegen. Scheitert der Versuch, haben Sie nach wie vor alle weiteren Rechte aus der Versicherung.

Wenn eine Auseinandersetzung zu einer persönlichen Verfeindung der Parteien führen kann, ist dieses Verfahren sehr gut geeignet, für beide Seiten eine akzeptable Lösung zu versuchen. Dies kann zum Beispiel bei mietrechtlichen oder nachbarrechtlichen Streitigkeiten der Fall sein.

Falls Sie also über den Abschluss einer neuen Versicherung oder den Wechsel des Anbieters nachdenken, sollten Sie sich fragen, ob dies nicht auch in Ihrem Fall Teil des Vertrages sein sollte.

Prozessfinanzierer – eine Alternative?

Sie wollen eine hohe Geldsumme einklagen und haben keine Rechtsschutzversicherung? Oder die Rechtsschutzversicherung springt nicht ein, weil die Klage auf den Kaufpreis aus dem Hausverkauf vom Rechtsschutz generell ausgeschlossen ist?

Dann gibt es eine (Schein-)Alternative: die Prozessfinanzierer. Nach deren Schätzungen werden in Deutschland jährlich etwa 18.000 Prozesse aus Angst vor dem potenziellen Kostenrisiko nicht geführt. Die Idee dieser in Form von Aktiengesellschaften geführten Firmen ist folgende:

Mindestklagesumme

Ab einer je nach Anbieter unterschiedlich hohen Mindestklagesumme prüft dieser, ob er eine Erfolgschance für einen Prozess sieht. Kommt er zu einem positiven Ergebnis, finanziert er die Prozesskosten. Geht der Prozess dennoch verloren, übernimmt er auch die gesamten weiteren Kosten für den gegnerischen Anwalt, das Gericht und eventuelle Zeugen oder Gutachter. Wird der Prozess gewonnen, erhält der Prozessfinanzierer eine Erfolgsbeteiligung.

Erfolgsbeteiligung

Die Mindestklagesummen schwanken zwischen 15.000 und 50.000 Euro. Die Erfolgsbeteiligung zwischen 20 und 50 Prozent.

Kommt es für den Erfolg der Klage auf medizinische Sachverständigengutachten an, springt der Prozessfinanzierer in der Regel nicht ein. Begründung: Mangels eigenen medizinischen Sachverstandes kann man, anders als bei juristischen Fragen, nicht beurteilen, ob die Sache Aussicht auf Erfolg hat. Diese Fragen spielen aber bei Personenversicherungen wie zum Beispiel Berufsunfähigkeitsversicherungen oder der privaten Krankenversicherung häufig eine Rolle.

Falls auch Sie einmal in die Lage kommen, über eine solche Art der Prozessführung nachdenken zu müssen, sollten Sie sich bei Ihrer Verbraucherzentrale oder unter *www.test.de* über den aktuellen Stand der Anbieter informieren. Der erst seit dem Jahr 2000 existierende Markt hat auch schon die ersten Pleiten optimistischer Anbieter gesehen. Zurzeit können wir nur Prozessfinanzierer empfehlen, die zum Konzern einer Versicherung gehören, da hier die Gefahr einer Pleite während eines laufenden Prozesses eher nicht gegeben ist.

12

Wie versichern Sie sich richtig … bei Schäden am Auto?

Tipps und Tricks zu den Kfz-Versicherungen

Die Kfz-Haftpflichtversicherung ist eine Pflichtversicherung, die einerseits dazu dient, andere vor den finanziellen Folgen von Autounfällen zu schützen, die Sie verschuldet haben, die aber andererseits dazu da ist, Sie bei der Abwehr überzogener oder unbegründeter Ansprüche zu unterstützen.

Die **Teilkasko** zahlt im Wesentlichen für Schäden am Fahrzeug durch Blitzschlag, Brand, Sturm, Hagel, Überschwemmung, Glasbruch, Kurzschluss, nach einem Diebstahl und einem Wildunfall.

Die **Vollkasko** trägt zusätzlich das Risiko für selbstverschuldete Unfälle und Vandalismusschäden.

Kein Segment des Versicherungsmarktes ist so hart umkämpft wie die Kfz-Versicherungen. Die Kfz-Versicherungen gelten als das Türchen zum Kunden, durch das man ihm weitere Versicherungen verkaufen kann. Dies hat dazu geführt, dass die Versicherer seit Jahren immer wieder auf der Jagd nach dem Kunden Verluste in Kauf nehmen, um dann aber nach einiger Zeit wieder an der Beitrags- und der Leistungsschraube zu drehen. Bevor Sie die nächste Beitragserhöhung zum Wechsel nutzen, sollten Sie die nachfolgenden Hinweise beachten.

Manche Anbieter schneiden nur dann im Preisvergleich besonders gut ab, wenn sie die gesetzlich vorgeschriebenen **Mindestversicherungssummen** von

- 7,5 Millionen Euro für Personenschäden und
- 1 Million Euro für Sachschäden

absichern. Auf solche Verträge sollten Sie sich auf keinen Fall einlassen. Wählen Sie immer die **höchstmögliche Deckung**, zurzeit 100 Millionen Euro. Wie wichtig dies ist, zeigt ein Beispiel, das gar nicht so weit hergeholt ist: Sie nehmen einem Gefahrguttransporter die Vorfahrt, dieser fällt bei der anschließenden Vollbremsung um. Er rutscht gegen ein Mehrfamilienhaus und explodiert. Durch die Explosion wird eine Gasleitung beschädigt; das Haus fliegt in die Luft. Man kann sich leicht vorstellen, dass die gesetzlich vorgeschriebenen Mindestsummen nicht ausreichen werden.

Ob der Anbieter Ihrer Wahl eine Einschränkung auf Mindestversicherungssummen im Vertrag hat, können Sie leicht nachprüfen. Üblicherweise ist in § 2 b der allgemeinen Bedingungen für die Kfz-Versicherung (AKB) geregelt, inwieweit der Versicherungsschutz eingeschränkt ist. Meiden Sie in jedem Fall Gesellschaften mit solchen Klauseln.

Außerdem gibt es Anbieter, die unschuldige Unfallopfer bestrafen, wenn jemand einen Unfall unter Alkoholeinfluss verursacht hat. Sie begrenzen für diesen Fall die Ersatzzahlungen auf die gesetzlichen Mindestversicherungssummen. Natürlich hätten die Opfer einen weitergehenden Anspruch gegen den Unfallverursacher. Dies könnte allerdings dann im schlimmsten Fall für ihn dazu führen, dass er ein Leben lang zu Schadensersatzzahlungen herangezogen und selbst nie wieder über ein Einkommen oberhalb der Sozialhilfegrenze verfügen würde.

Wie finden Sie günstige Versicherer?

Computerprogramme nutzen

Auch wenn die Assekuranzen ihre Preise, Leistungen oder Rabatte immer individueller gestalten, können sich Verbraucher im Internet oder mit Hilfe spezieller Computerprogramme immer einfacher durch diesen Dschungel durchfinden.

Viele **Verbraucherzentralen** haben in den Beratungsstellen vor Ort Computerprogramme, mit denen für Ihren individuellen Fall Anbieter mit einem günstigen Preis-Leistungs-Verhältnis herausgefiltert werden können. Wo dies nicht der Fall ist, können Sie in allen Beratungsstellen die **Vergleichstests der Stiftung Warentest** einsehen und sich über günstige Anbieter unterrichten.

Kostenlose Vergleiche über das Internet sind häufig mit Vorsicht zu genießen. So können diese zum Beispiel nur Anbieter mit Außendienst beinhalten, da das Angebot im Internet nur dann kostenlos sein kann, wenn beim Abschluss Provisionen fließen. Oder der Anbieter des Vergleichs arbeitet nur mit bestimmten Gesellschaften zusammen.

Auf Einschränkungen achten

Der billigste Kfz-Versicherer ist nicht immer der beste. Filtern Sie zunächst die Gesellschaften heraus, deren Angebote sich nur auf die gesetzlich vorgeschriebenen Mindestversicherungssumme beziehen, beziehungsweise die im Fall alkoholbedingter Unfallverursachung den Schadensersatz auf diese Summe begrenzen.

Aber selbst das muss nicht unbedingt genügen, um einen verlässlichen Versicherungsschutz zu gewährleisten. Seien Sie auch skeptisch bei Ihnen unbekannten Kleinstanbietern mit Mutterkonzernen im Ausland. So musste im Sommer 2010 ein Anbieter aus den Niederlanden, der dem Vernehmen nach in Deutschland ganze 50.000 Verträge hatte, Insolvenz anmelden. Mit gravierenden Folgen: Für Haftpflichtschäden war ab der Isolvenzanmeldung die »Verkehrsopfer-Hilfe e.V.« Wilhelmstr. 43/43G, 10, 10117 Berlin, *www.verkehrsopferhilfe.de* zuständig. Dies ist ein von allen Kfz-Versicherern getragener Verein, der die Kosten in Schadensfällen übernimmt, wenn ein Versicherer nicht ermittelt oder – wie hier – nicht mehr existent ist. Sie ersetzt aber ebenfalls nur Schäden bis zur oben genannten Mindestversicherungssumme. Mehr dazu gleich bei den Hinweisen zur Insassenunfallversicherung. Kaskoschäden am eigenen Fahrzeug mussten die Kunden zunächst selbst tragen. Ob sie aus der Insolvenzmasse noch ersetzt werden konnten, stand bei Redaktionsschluss noch nicht fest.

Telefonprotokoll anfertigen

Arbeitet der Versicherer mit einem Call-Center, sollten Sie ein Telefonprotokoll anfertigen, indem Sie festhalten, welche Angaben Sie der Versicherung gegenüber gemacht haben. Sendet die Versicherung Ihnen den Antrag zur Unterzeichnung, prüfen Sie, ob alle Angaben vollständig und richtig im Antrag aufgenommen wurden. Wenn dies nicht der Fall ist, kann dies schon ein Hinweis darauf sein, dass diese Assekuranz nicht gerade über die fähigsten Mitarbeiter verfügt.

Sollte sich die Sache dann nicht mit einem Anruf erledigen lassen, sollten Sie einen anderen Anbieter auswählen. Denn wenn es schon bei der Antragsstellung hapert, was ist dann wohl erst bei einem Schadensfall?

Rabatte genau prüfen

Schaut man sich die Rabattlisten der deutschen Versicherer an, kommt man sich in manchen Fällen vor wie auf einem Basar oder beim Winterschlussverkauf im Kaufhaus. Hier eine Liste, die keinen Anspruch auf Vollständigkeit erhebt. Rabatte gibt es für:

- die Angehörigen von über 100 Berufsgruppen,
- das Abstellen des Autos im Innenhof, der Garage oder Tiefgarage,
- Neufahrzeuge,
- Wenigfahrer,
- Alleinnutzer,
- Frauen,
- Absolventen eines Sicherheitstrainings,
- Mitarbeiter eines Autoherstellers,
- Inhaber einer Jahreskarte für öffentliche Verkehrsmittel,
- Eigentümer eines selbstgenutzten Wohnhauses,
- Eltern minderjährige Kinder,
- Ausländer, die schon länger als fünf Jahre in der Bundesrepublik wohnen,
- Bausparer,
- Fahrzeuge mit anerkannter Wegfahrsperre,
- Fahrzeuge mit einem geregelten Katalysator,
- Erstbesitzer eines Fahrzeugs usw.

Wählen Sie auf keinen Fall Rabatte, die von Ihrem Verhalten abhängig sind oder von denen Sie nicht ein hundertprozentig sicher sind, dass Sie sie erfüllen können.

Andernfalls kann es Ihnen ergehen wie einem Ehepaar aus Frankfurt. Die Eheleute hatten zwei teure Autos mit einem Garagen-Rabatt versichert. Der Haken an der Sache: Sie hatten in ihrem Apartmenthaus nur Anspruch auf einen

Tiefgaragenplatz. Abwechselnd stand also immer ein Fahrzeug draußen auf der Straße. In einer Nacht wurde der eine teure Wagen vor der Haustür gestohlen. Die Versicherung war noch kulant, sie zeigte die beiden nicht wegen versuchten Versicherungsbetrugs an. Sie zahlte den Verlust und verlangte lediglich den Unterschiedsbetrag zwischen Garagen- und Normaltarif für die zwei Jahre, in denen das eine teure Auto falsch versichert war. Darüber hinaus zwei vollständige Jahresbeiträge als »Strafe«. Das Ehepaar hatte noch Glück. Es gibt Gesellschaften, die in einem solchen Fall keinen Cent zahlen und darüber hinaus Strafanzeige erstatten.

Und wenn Sie doch verhaltensbezogene Rabatten nutzen wollen, lesen Sie nicht nur in den Versicherungsbedingungen nach, in welchen Fall man Ihnen den Rabatt gewährt, sondern prüfen Sie auch, was geschieht, wenn Sie die Rabattvorschrift nicht einhalten. Was passiert zum Beispiel, wenn Sie im Vertrag vereinbart haben, dass keine Person unter 25 Jahren das Auto benutzt und dann Ihre 18-jährige Tochter kurz nach dem Erwerb des Führerscheins den Wagen zu Schrott fährt? Wenn Sie einen Wenigfahrer-Rabatt bekommen, überprüfen Sie regelmäßig, ob Sie die angegebenen Kilometer-Leistungen auch nicht überschreiten.

[ ] Tipp

Grundsätzlich sollten Sie nur solche Rabatte wählen, die sich an objektiven Kriterien festmachen lassen. Dies sind zum Beispiel Rabatte, die sich auf Ihren Beruf, die Mitgliedschaft in einem Verband oder auf das von Ihnen gefahrene Fahrzeug beziehen.

Was ist beim Wechsel zu beachten?

Wenn Sie die Versicherung wechseln wollen, fragen Sie beim neuen Versicherer nach, ob die Einstufung des Fahrzeugs sich auf die Tarifbestimmungen des neuen Versicherungsjahres bezieht. Viele Gesellschaften verändern jeweils zur Jahreswende Typen- oder Regionalklassen. Bei ungünstigem Schadensverlauf kann damit eine kräftige Beitragserhöhung verbunden sein.

Fragen Sie bei Vereinbarung einer (Teil-)Kasko-Deckung unbedingt, ob diese auch für Ihr Fahrzeug und im erreichten »Lebensalter« des Wagens angeboten wird. Hier scheint

[ ] **Tipp**

Kündigen Sie Ihren Altvertrag nie, bevor Sie die Police der neuen Versicherung in Händen halten. Insbesondere bei PS-starken kleinen Wagen oder Geländefahrzeugen kann es unter Umständen problematisch werden, eine neue kostengünstige Kaskoversicherung zu finden.

sich ein Hang zum Ausschluss bei Billigheimer-Versicherungen abzuzeichnen, bei älteren Fahrzeugen keine Kasko-Deckung mehr abzuschließen.

Seit dem 1. März 2008 benötigen Sie bei der Zulassung Ihres Fahrzeuges nicht mehr die sogenannte **Doppelkarte/ Versicherungsbestätigung**. Dass Sie eine Kfz-Haftpflichtversicherung abgeschlossen haben, weisen Sie durch eine siebenstellige Zahlen- und Buchstabenkombination (VB-Nummer) nach. Die Übermittlung erfolgt meist auf elektronischem Wege. Lassen Sie sich Sie sich von Ihrem neuen Versicherer schriftlich bestätigen, dass und wann er die Daten in das entsprechende System eingegeben hat.

Sollte es mit Beginn des neuen Vertrages wider Erwarten zum Beispiel wegen der Einstufung oder der Höhe des Beitrags zu Unstimmigkeiten kommen, zahlen Sie dennoch unter Vorbehalt die geforderte Summe. Sie riskieren sonst Ihren Versicherungsschutz. Stellt sich später heraus, dass die Forderung zu hoch war, kann man die Beträge noch innerhalb einer Verjährungsfrist von drei Jahren zurückfordern.

Zurückstufung nach Unfall

Um einen Vergleich untereinander noch schwieriger zu machen, haben sich die Versicherer ausgedacht, dass sie voneinander abweichende Rückstufungen nach einem Unfall anbieten. Wenn Sie also – statistisch gesehen – davon ausgehen müssen, dass Ihr Sohn als Fahranfänger den einen oder anderen Blechschaden verursachen wird, sollten Sie sich vor Vertragsabschluss das Kleingedruckte zusenden lassen. In den Regelungen zur »Einstufung in die Schadensfreiheitsklassen (SF)« und »Rückstufung im Schadensfall« können Sie nachlesen, ob Sie ein Versicherer zum Beispiel nach einem Unfall aus der SF 7 mit 50 Prozent in die SF 3 mit 70 Prozent oder in die SF 2 mit 85 Prozent zurückstuft. Bei vielen Gesellschaften finden Sie die entsprechenden Hinweise in den §§ 14 und 18 der Versicherungsbedingungen.

Was tun bei einem Unfall?

Wenn bei einem Unfall Personen verletzt wurden oder mehrere Verkehrsteilnehmer betroffen sind und die Rechtslage unklar ist, sollten Sie auf jeden Fall die Polizei rufen. Handelt es sich um einen **Bagatellschaden** oder kann die Polizei infolge Überlastung zum Beispiel bei plötzlich auftretendem Glatteis Ihren Fall nicht aufnehmen, sollten Sie Folgendes tun:

- Notieren Sie sich die **Kennzeichen** der Fahrzeuge, deren Insassen den Unfall gesehen haben, auch dann, wenn diese weiterfahren. Die Erfahrungen haben gezeigt, dass insbesondere bei Bagatellunfällen die Fahrer der nachfolgenden Autos weiterfahren.
- Notieren Sie erst danach Namen und Adressen der **Zeugen**, die freiwillig angehalten haben. Fotografieren Sie den Unfallplatz und die Fahrzeuge von allen Seiten. Zu diesem Zweck sollten Sie immer eine kleine Billigkamera im Auto haben, wenn Sie kein Handy mit Kamerafunktion besitzen. Insbesondere dann, wenn später die Aussagen über den Unfallhergang voneinander abweichen, können Gutachter anhand der Fotos sehr gut feststellen, wie er sich tatsächlich abgespielt hat.
- Die Versicherungsbranche bietet einheitliche **Unfallbögen** an. Auf ihnen ist ausdrücklich vermerkt, dass es sich nicht um Schuldanerkenntnisse handelt. Wenn also Ihr Unfallgegner damit einverstanden ist, sollten Sie einen solchen Unfallbogen gemeinsam ausfüllen.
- Tauschen Sie **Namen und Adressen der Unfallbeteiligten** aus. Lassen Sie sich dazu auch den Personalausweis zeigen und notieren Sie auch die Personalausweisnummer. Falls möglich, lassen Sie sich Versicherung und Vertragsnummer benennen.
- Melden Sie den Schadensfall Ihrer **Versicherung** auch dann, wenn Sie überzeugt sind, dass keine Ansprüche gegen Sie erhoben werden. So gehen Sie sicher, dass Ihre Versicherungsgesellschaft auch dann den Schadensfall bearbeitet, wenn Ihr Unfallgegner nachträglich mit einer kleinen Überraschung aufwartet und Forderungen stellt. Andernfalls könnte es geschehen, dass sie die Regulierung mit der Begründung ablehnt, dass Sie den Schadensfall zu spät gemeldet haben.

Wer übernimmt die Schadensregulierung?

Viele (gegnerische) Versicherer bieten mittlerweile an, den Schaden von Beginn an komplett für Sie als Geschädigten abzuwickeln. Sie veranlassen von sich aus den Abtransport in eine Werkstatt, die Begutachtung, die Reparatur und gegebenenfalls Schadensersatzzahlungen.

Solchen Angeboten sollten Sie insbesondere dann kritisch gegenüberstehen, wenn der Schadenshergang oder -umfang nicht eindeutig feststeht. Beschwerden betroffener Versicherter haben gezeigt, dass die Assekuranzen diesen Dienst nicht als Samariterdienst anbieten, sondern eindeutig mit dem Ziel, Kosten zu sparen.

In unklaren Situationen sollten Sie die Sache weiterhin einem Rechtsanwalt übergeben und das Gutachten von einem **unabhängigen Gutachter** erstellen lassen. Die Erfahrung hat gezeigt, dass die Versicherer Gutachten umso weniger anzweifeln, je bekannter oder anerkannter die Gutachterstelle ist. Dies gilt zum Beispiel für Institutionen wie den TÜV oder die Dekra.

Lassen Sie hingegen lediglich einen Kostenvoranschlag von der Werkstatt erstellen, kann es geschehen, dass dieser nicht anerkannt wird. Sie können die Versicherung auch nicht zwingen, auf dieser Basis abzurechnen. Denn auch vor Gericht würde ein einfacher Kostenvoranschlag nicht als Beweismittel für den Umfang des Schadens durchgehen.

Führen Sie alle Verhandlungen schriftlich, Fax genügt. Bewahren Sie von allen Schreiben **Kopien und die Sendeberichte** auf. Lassen Sie sich insbesondere bei komplizierten Abläufen nicht auf mündliche oder telefonische Verhandlungen ein. Lässt sich der Vorgang dann später doch nicht glatt abwickeln, können Sie sonst schnell in Beweisnot kommen.

Die Insassenunfallversicherung

Für ein paar Euro im Jahr können Sie zu ihrer Kfz-Versicherung eine Zusatzversicherung abschließen, die Ihnen einen einmaligen Kapitalbetrag zahlt, wenn Sie durch einen Unfall dauerhaft Invalide werden. Eine solche Insassenunfallversicherung ist jedoch völlig überflüssig:

Verschuldet ein Dritter den Unfall, haben Sie und alle weiteren Insassen gegen ihn und seine Versicherung Anspruch auf Ersatz aller Schäden. Dazu gehören auch Schmerzensgeldzahlungen und die Erstattung der Beträge, die Sie benötigen, um zum Beispiel ihr Haus behindertengerecht auszubauen.

Verschulden Sie einen Unfall, haben auch die Insassen Ihres Fahrzeugs die gleichen Ansprüche gegen Sie und Ihre Versicherung, wie sie die Insassen des anderen Fahrzeugs haben. Ausgenommen sind Ehepartner und eigene Kinder.

Begeht ein Fahrer Fahrerflucht oder ist zum Beispiel der Verursacher eines großen Ölflecks nicht mehr zu ermitteln, können Sie Ihre Schadensersatzforderungen bei der Verkehrsopferhilfe geltend machen. Der Verein verfügt über einen Fonds, in den alle Kfz-Versicherer gemeinsam einzahlen, um schuldlose Verkehrsopfer zu entschädigen, wenn der Verursacher nicht bekannt oder nicht versichert ist. Bei Fahrerflucht werden allerdings Sachschäden nur ersetzt, wenn es auch gleichzeitig zu einem Personenschaden gekommen ist.

Gegen die Insassenunfallversicherung spricht aber auch noch die geringe Versicherungssumme. Sie beträgt zum Beispiel in vielen Verträgen rund 20.000 Euro pro Insasse. Diese Summe dürfte zum Ausgleich der Einkommensverluste oder zum Umbau des Hauses bei Vollinvalidität kaum ausreichen.

Autoschutzbrief

Wenn Sie regelmäßig mit Ihrem Fahrzeug im Ausland sind oder mit der Familie mit dem Auto in den Urlaub fahren oder wenn Sie ein etwas betagteres Modell fahren und sich hohe Abschlepp- und Bergungskosten nach einer Panne oder einem Unfall nicht leisten können, sollten Sie zusätzlich zu Ihrer Autoversicherung über einen Autoschutzbrief nachdenken. Gehören Sie nicht zu diesem Personenkreis, können Sie dieses Kapitel überspringen und auf Seite 171 weiterlesen.

Leistungen im Autoschutzbrief

Aus einem Autoschutzbrief erhalten Sie Leistungen, wenn das Fahrzeug oder der Fahrer ausfällt. Darüber hinaus werden organisatorische Hilfen angeboten. Die im Folgenden beschriebenen Leistungen kann man als Standard bezeichnen, manche Gesellschaften bieten darüber hinaus gehenden Luxus an. Es gibt aber auch Anbieter, die nicht einmal diesen Standard erreichen.

> **!** **Hinweis**
>
> **Falls Sie schon einen Schutzbrief haben oder einen abschließen möchten, sollten Sie unbedingt im Kleingedruckten nachlesen, was alles versichert ist und in welchen Situationen keine Leistungen erbracht werden. Damit vermeiden Sie unliebsame Überraschungen im Ernstfall.**

Sie erhalten **Pannen- und Unfallhilfe** am Schadensort bis zu einem Wert von rund 100 Euro. Die Kosten für die Bergung des Fahrzeugs nach einer Panne oder einem Unfall werden übernommen. Muss das Fahrzeug nach Panne oder Unfall abgeschleppt werden, werden dafür bis zu einem Wert von etwa 150 Euro die Kosten übernommen.

Fällt das Fahrzeug nach Panne, Unfall oder Diebstahl aus, werden die **Rückreisekosten** mit der Bahn in der zweiten Klasse bis 1.200 Kilometer übernommen. Liegt die Entfernung darunter, werden die Kosten für die erste Klasse ersetzt. Alternativ werden bis zu drei Übernachtungen pro Insasse des Fahrzeugs bis 50 Euro pro Nacht ersetzt. Alternativ erhalten Sie einen Mietwagen bis zu sieben Tagen für bis zu 50 Euro pro Tag. Die Kosten für den Versand von Ersatzteilen ins Ausland werden übernommen.

Im Ausland wird der Wagen zunächst in eine geeignete **Werkstatt** gebracht, wenn eine Reparatur in unmittelbarer Nähe nicht innerhalb von drei Werktagen möglich ist.

Die Kosten für die Unterstellung des Fahrzeugs nach einer Panne, einem Unfall oder einem Diebstahl werden für maximal zwei Wochen übernommen. Wird das Fahrzeug nach Unfall oder Diebstahl im Ausland verkauft oder verschrottet, so werden die Kosten für **Verzollung** oder **Verschrottung** und die weiteren Verfahrensgebühren übernommen. Fällt der Fahrer länger als drei Tage aus oder ist das Fahrzeug innerhalb des Urlaubs nicht zu reparieren, werden die Kosten für den Rücktransport ersetzt.

Werden Sie auf einer Reise **krank**, werden Reise- und Übernachtungskosten bis 500 Euro je Besucher übernommen, wenn Sie länger als zwei Wochen im Krankenhaus liegen müssen.

Ist ein **Rücktransport** medizinisch notwendig und ärztlich angeordnet, werden die dafür anfallenden Kosten übernommen. Bevor Sie nun bei weiteren Reisen wegen dieser

Kostenübernahmemöglichkeit auf eine zusätzliche Reisekrankenversicherung verzichten, sollten Sie unbedingt die Hinweise zum Problem medizinischer Notwendigkeit und ärztlicher Anordnung eines Rücktransportes im Kapitel zur Auslandsreisekrankenversicherung auf Seite 171 nachlesen, wenn Sie das nicht sowieso schon getan haben.

Erkrankt oder stirbt der Fahrer, werden die Kosten für den Rücktransport mitreisender Kinder und deren Begleitpersonen übernommen. Muss die Reise wegen Krankheit oder Tod abgebrochen werden, werden zum Beispiel höhere Fahrtkosten übernommen oder die Überführung nach Hause durchgeführt.

Nach einem Unfall werden **Besuch, Rettungs- und Bergungskosten** übernommen. Bei schwersten Verletzungen gibt es eine Soforthilfe in Höhe von 5.000 Euro. Die Kosten für besondere medizinische Hilfsmittel nach einem Unfall werden bis zu 10.000 Euro übernommen.

Schutzbriefe beinhalteten eine Reihe von organisatorischen Hilfen, die von Darlehen und Kostenübernahmegarantien über die Beschaffung von Ersatzdokumenten über die Betreuung des Hauses nach einem Einbruch während des Urlaubs bis hin zur Vermittlung von Anwälten, Dolmetschern oder ähnlichen und Vorschüssen für Rechtskosten reichen.

Wo sollte man einen Autoschutzbrief abschließen?

Der klassische Weg, einen Autoschutzbrief abzuschließen, ist sicherlich, Mitglied in einem Autoklub zu werden und dort dann als Ergänzung den Schutzbrief abzuschließen. Vorteil bei den großen Autoklubs: Sie händigen Ihnen mit den Schutzbriefunterlagen zum Beispiel Schecks aus, die

Pannenhelfer als Zahlung akzeptieren und dann direkt mit dem Autoklub abrechnen. Sie brauchen also nicht in Vorleistung zu treten. Selbst im europäischen Ausland wird diese Art der Bezahlung akzeptiert. Ein großer Nachteil ist hier der Preis: Zwischen 45 Euro und 85 Euro kostet der Vertrag im Jahr.

Wenn es Ihnen nichts ausmacht, zunächst in Vorleistung zu treten, sollten Sie Ihren Autoversicherer fragen, ob auch er Schutzbriefleistungen in seinem Paket hat. Dies dürfte mittlerweile bei allen Autoversicherern der Fall sein. Preis: zwischen 2,50 Euro und 7,50 Euro (im Jahr!). Bei gleichen Leistungen bieten also die Versicherer zu einem absoluten Kampfpreis die Schutzbriefe an.

Bietet Ihre Gesellschaft noch keine Schutzbriefleistungen, sollten Sie überlegen, den Vertrag für das Auto insgesamt zu einem anderen Versicherer zu übertragen. Der separate Schutzbriefabschluss bei einem anderen Versicherer lohnt sich gegenüber den Autoklubs nicht. Die Verträge sind dann ungefähr gleich teuer.

13
Wie versichern Sie sich richtig … wenn Sie auf Reisen gehen?

Auslandsreisekrankenversicherung

Die Auslandsreisekrankenversicherung ist ein »Muss« für alle, die ins Ausland reisen. Für gesetzlich Krankenversicherte, weil die **gesetzliche Krankenversicherung** nur im europäischen Ausland und in einigen weiteren Ländern, mit denen ein Sozialabkommen abgeschlossen wurde, die Behandlungskosten übernimmt.

Dies tut sie aber nur in dem Umfang, wie auch hier die Behandlungskosten ersetzt worden wären. Wenn Sie also – was oftmals in Touristengebieten praktiziert wird – zum Beispiel von einem Arzt zu einem Kostensatz behandelt werden, der in Deutschland dem 3,5fachen der Gebühren für ärztliche Leistungen entspricht, würde Ihnen die deutsche gesetzliche Krankenversicherung nach Rückkehr aus dem Urlaub nur den 1,8fachen Satz dieser Gebührenordnung ersetzen. Den Rest der Kosten müssten Sie übernehmen. Völlig ausgeschlossen ist im Rahmen der gesetzlichen Krankenversicherung die Übernahme der Kosten für den Krankenrücktransport aus dem Ausland.

Für Mitglieder einer **privaten Krankenversicherung** ist die Auslandsreisekrankenversicherung ein »Muss«, weil normalerweise mindestens der Krankenrücktransport nicht abgesichert ist. Wenn das auch in Ihrem Fall ausgeschlossen ist, benötigen Sie schon aus diesem Grund für die Auslandsreise eine Auslandsreisekrankenversicherung.

Reisekrankenversicherungen bieten Erstattung der im Ausland entstehenden Kosten für

- Heilbehandlungen und Medikamente,
- Rücktransporte nach Deutschland und
- schmerzstillende Zahnbehandlungen.

Sie ersetzen ferner

- Bestattungs- oder Überführungskosten des Leichnams nach Deutschland beim Tod eines Versicherten.

Auf dem Markt für Auslandsreisekrankenversicherungen gibt es **Jahres- und Tagespolicen**. Tagespolicen müssen vor jeder Reise neu abgeschlossen werden und sind daher nicht zu empfehlen. Jahrespolicen verlängern sich bei etlichen Anbietern um ein weiteres Jahr, wenn sie nicht gekündigt werden. Sie gelten für jede während der Vertragslaufzeit unternommene Reise. Allerdings darf eine vertraglich festgelegte Höchstreisedauer pro Reise (sechs bis acht Wochen) nicht überschritten werden. Die Preise für solche Policen liegen überwiegend zwischen fünf und zwölf Euro pro Jahr und Person, günstige Familientarife sind ab 14,50 Euro zu haben.

Tipps zum Vertragsabschluss

- Meiden Sie Anbieter, die den Rücktransport nur dann bezahlen, wenn er »medizinisch notwendig und ärztlich angeordnet ist«. Diese Voraussetzungen sind fast nicht zu erfüllen. Medizinisch notwendig ist der Rücktransport nämlich nur dann, wenn im Gastland der Standard der medizinischen Versorgung so niedrig ist, dass Sie dort nicht mit Aussicht auf Erfolg behandelt werden können.
- Zwar kann man sich noch Länder vorstellen, die diesen Punkt erfüllen, noch problematischer wird es jedoch mit der ärztlichen Anordnung.
- Wenn ein Arzt anordnet, dass ein Patient nach Deutschland zurückzutransportieren ist, dann bringt er damit zum Ausdruck, dass der Patient zum einen von ihm nicht mehr behandelbar ist, zum anderen aber transportfähig ist. Er übernimmt damit die Haftung für den Fall, dass sich der Zustand auf dem Rückflug verschlechtert und

der Patient vielleicht schlimmstenfalls sogar verstirbt. Ein solches Haftungsanerkenntnis wird kein Arzt unterzeichnen.

- Sie sollten daher unbedingt Gesellschaften aussuchen, die zum Beispiel in den Bedingungen niederlegen, dass der Krankentransport übernommen wird, wenn er wirtschaftlich sinnvoll und medizinisch angeraten ist. Diese Voraussetzungen sind leichter zu erfüllen.

Beispiel

So ist bei einem Herzpatienten ein Rücktransport, der schnell 20.000 bis 25.000 Euro ausmachen kann, schon dann wirtschaftlich sinnvoll, wenn nach dem derzeitigen Zustand des Patienten sicher ist, dass sich der Krankenhausaufenthalt zum Beispiel auf einer Intensivstation über mehrere Wochen hinauszögern wird. In diesem Fall ist es wirtschaftlich günstiger, den Patienten zurückzutransportieren und ihn dann auf Kosten der normalen Krankenversicherung in Deutschland behandeln zu lassen.

- Ein anderes Beispiel ist der Rücktransport von erkrankten Kindern. Es ist nachgewiesen, dass diese wesentlich schneller gesunden, wenn sie regelmäßig von ihren Eltern betreut werden können. Aus diesem Grund ist es ärztlich angeraten, Kinder bei schweren Erkrankungen nach Deutschland zurückzubringen, wenn dadurch sichergestellt ist, dass sie jederzeit von ihren Eltern besucht werden können. Andernfalls würde die Situation eintreten, dass das Kind im Ausland im Krankenhaus liegt, während die Eltern wegen des Endes des Urlaubs schon wieder nach Deutschland zurück müssen.

Reiserücktrittsversicherung

Müssen Sie bereits vor Antritt der Reise Vorauszahlungen leisten? Zum Beispiel für Pauschalreisen, Fähren, Ferienwohnung oder -haus?

Falls nein, benötigen Sie keine Reiserücktrittskostenversicherung. Sie können jetzt noch kurz nachlesen, weshalb Sie auch keine Reisegepäckversicherung und kein Versicherungspaket benötigen und sind schon mit diesem Kapitel fertig.

Falls ja, können Sie innerhalb von 14 Tagen nach Buchung der Reise, Fähre oder ähnlichem eine Reiserücktrittskostenversicherung abschließen. Sie sollten das bei teuren Reisen und wenn Kinder mitkommen unbedingt tun.

Die Versicherer eines solchen Vertrages übernehmen die Kosten, die bei Nichtantritt, verspätetem Antritt, Abbruch, verspäteter Rückkehr oder nicht beanspruchten Reiseleistungen entstehen.

Als Grund für den Rücktritt akzeptieren die Gesellschaften nur Ereignisse, die beim Buchen der Reise **nicht vorhersehbar waren**. Wenn Sie schon beim Abschluss des Vertrages beziehungsweise bei Buchung der Reise unter Erkrankungen leiden, bei denen vorhersehbar ist oder sogar feststeht, dass sie sich regelmäßig verschlimmern können, würde ein Reiseabbruch in diesem Fall nicht ersetzt werden.

Im Einzelnen geht es um Erkrankungen, Unfälle und Tod des Versicherten beziehungsweise seiner Angehörigen. Die Gesellschaften versichern auch den Fall, dass eine Reisegruppe nicht aus Familienangehörigen besteht, wie zum Beispiel nichteheliche Lebensgemeinschaften, gegen die gleichen Risiken. Aktuelle Vergleiche dieser kleinen Versicherungssparte finden Sie in jeder Verbraucherzentrale oder unter *www.test.de*.

Reisegepäckversicherung

Sie gehört nicht ins Gepäck. Es sind zu viele Fälle bekannt, in denen die Versicherungen mit der Behauptung, der Versicherte habe zum Beispiel grob fahrlässig gehandelt oder er habe keine ordnungsgemäße Schadensmeldung am Ort gemacht, ihre Leistungen verweigert haben.

Ein Blick in die Rechtsprechungsübersichten zeigt, dass die Versicherungsgesellschaften sehr oft von den Gerichten Recht bekommen. Dies gilt insbesondere dann, wenn dem Kunden grobe Fahrlässigkeit vorgeworfen wird. Wenn aber Versicherte all die Sorgfaltspflichten anwenden, die die Gerichte und die Versicherungen von ihnen verlangen, dann ist es eigentlich auch nicht mehr möglich, zum Beispiel das Gepäck zu stehlen. Wir fürchten, dass sich diese Rechtsprechung auch unter dem seit 2008 geltenden neuen Versicherungsvertragsgesetz fortsetzen wird. Es regelt zwar, dass auch bei »normaler« grober Fahrlässigkeit zumindest ein Teil gezahlt werden soll. Aber bei »grober« Fahrlässigkeit gibt es trotzdem nichts.

Im Übrigen ist Ihr Reisegepäck als Hausrat unter bestimmten Bedingungen auch auf der Reise im Rahmen der sogenannten **Außenversicherung** abgesichert. Dies ist bei normalen Versicherungsbedingungen immer dann der Fall, wenn ein Einbruchdiebstahl stattgefunden hat, oder Sie zum Beispiel durch Einsatz von Gewalt auf der Straße beraubt wurden. Für Trickdiebstähle gilt dies allerdings leider nicht. Zu einem großen Ärgernis führt oft auch der **Aufbruch von Autos**. Steht das Auto in einem Parkhaus und wird es dort aufgebrochen, gilt dies als Aufbruch eines abgeschlossenen Behältnisses innerhalb eines Gebäudes. Damit ist in diesem Fall der Diebstahl versichert (siehe Seite 127).

Steht das Fahrzeug auf einem Parkplatz, fehlt es an dem Tatbestandsmerkmal »Gebäude«, sodass die Versicherungsbedingungen älterer Verträge keinen Versicherungsschutz vorsehen. Da diese Spitzfindigkeit gerichtlich umstritten ist, haben mittlerweile einige Gesellschaften ihre Bedingungen in diesem Punkt soweit geändert, dass auch der Aufbruch eines Kfz auf offener Straße beziehungsweise Parkplatz mitversichert ist. Dies gilt allerdings uneingeschränkt nur, wenn dem Versicherten keine grobe Fahrlässigkeit vorgeworfen werden kann. Andernfalls kann es auch hier zu einer Quotelung oder sogar zur Verweigerung kommen.

Wenn Sie wertvollen Hausrat offen einsehbar auf einer belebten Straße im Auto lassen und es dann aufgebrochen wird, werden Sie wohl auch hier keinen Versicherungsschutz bekommen. Sie sollten Ihren Hausratversicherer darauf ansprechen, ob auch er die Klauseln bezüglich des Kfz-Aufbruches auf der Reise verändert hat und gegebenenfalls Ihren Versicherungsvertrag umstellen.

[ ] **Tipp**

Wir raten Ihnen vom Abschluss von Paketversicherungen im Reisebüro ab. Zum einen haben Sie keinen Einfluss darauf, ob Sie sich einen Versicherer mit guten oder weniger guten Bedingungen aussuchen. Zum anderen sind in den Paketen oftmals Zusatzangebote enthalten, die Sie nicht benötigen.

Dies gilt zum Beispiel für eine Auslands-Haftpflichtversicherung oder eine Reise-Unfallversicherung. Eine Haftpflichtversicherung gilt weltweit und diese sollte man sowieso schon haben. Eine Unfallversicherung sollte man nur dann abschließen, wenn man sie tatsächlich benötigt. Dann sollte sie aber nicht nur auf Reisen, sondern für alle Fälle und weltweit gelten.

14

Wie versichern Sie sich richtig … über Versicherungsportale im Internet?

Guter Rat aus dem Netz?

In den vergangenen Jahren sind eine Reihe sogenannter Versicherungsportale im Internet entstanden. Sie haben sich zum Ziel gesetzt – oder tun jedenfalls so – den Kunden bedarfsgerecht zu beraten und durch den Einsatz von **Online-Tarifrechnern** besonders kostengünstige Anbieter zu vermitteln.

Wir verzichten darauf, Adressen der Portale zu benennen. Zum einen kann es sein, dass ein heute aufgeführtes Portal schon morgen nicht mehr existiert. Zum anderen zeigen die regelmäßigen Beschwerden bei den Verbraucherzentralen, dass die Nutzung offenbar häufig zumindest nicht unproblematisch ist.

Nur wenige Firmen benutzen eine eigene Software zum Versicherungsvergleich. Viele Seiten greifen auf eine externe Software zurück.

Dennoch kann es geschehen, dass Sie auf den verschiedenen Seiten trotz Einsatzes desselben Programms zu unterschiedlichen Ergebnissen kommen, wenn Sie Ihre Abfrage durchführen. Hier liegt die Vermutung nahe, dass zum Zwecke der Bündelung von Provisionen bestimmte Gesellschaften bevorzugt behandelt und andere aus dem Vergleich herausgenommen werden.

Zwar macht die **computergestützte Bedarfsanalyse** auf vielen Seiten einen sehr professionellen Eindruck, das Ergebnis erscheint jedoch sehr verkaufsorientiert. Wer zum Beispiel ohne große Analyse der Anlageziele oder des Anlageverhaltens jungen Menschen regelmäßig pauschal zum Abschluss einer aufgeschobenen Rentenversicherung zur privaten zusätzlichen Altersvorsorge rät, muss sich den Vorwurf einseitiger und undifferenzierter Beratung gefallen lassen.

Richtig ärgerlich wird es, wenn ein Portal nur dazu erstellt ist, Adressen zu sammeln und diese dann unkontrollierbar weiter zu verkaufen.

Internetportale zum Thema Versicherungen sollten Sie daher nur dazu benutzen, Versicherer zu finden, die ein sehr gutes Preis-Leistungs-Verhältnis bieten. Die verkaufsorientierte Beratung sollten Sie nicht nutzen. Erst wenn Institutionen wie zum Beispiel die **Verbraucherzentralen** eine individuelle bedarfsorientierte Beratung ohne Verkauf im Internet oder in der persönlichen Beratung bieten, sollten Sie auf solche Angebote zurückgreifen.

[ ] **Tipps**

- Überprüfen Sie bei Tarifrechnern, wie viele Gesellschaften eingestellt sind.
- Führen Sie denselben Vergleich mit mehreren Portalen durch.
- Versenden Sie keine sensiblen Daten über das Netz.
- Wenn Sie einen Versicherungsantrag online stellen, drucken Sie sich ein Exemplar aus und vergleichen dieses mit der Police.

15

Wie versichern Sie sich richtig … indem Sie sich nicht versichern?

Überflüssige Versicherungen

Krankenhaustagegeldversicherung

Die Kranken**haus**tagegeldversicherung erbringt die gleichen Leistungen wie die Krankentagegeldversicherung. Aber nur – wie ihr Name schon sagt – wenn Sie zur medizinisch notwendigen Heilbehandlung ins Krankenhaus kommen.

Es ist uns keine Situation eingefallen, in der statt einer Krankentagegeld- eine Krankenhaustagegeldversicherung objektiv notwendig sein könnte. Der Fall, dass nur bei einem Krankenhausaufenthalt Einkommenslücken entstehen sollen, ist sehr schwer nachzuvollziehen.

Wenn Sie im Fall von Arbeitsunfähigkeit Einkommenslücken haben, sollten Sie über den Abschluss einer Krankenhaustagegeldversicherung allenfalls dann nachdenken, wenn Sie sich die wesentlich teurere Krankentagegeldversicherung nicht leisten können.

Glas- und Fahrradversicherungen

Der Bruch einer Glasscheibe oder der Verlust eines Fahrrades ist in der Regel finanziell zu verkraften. Damit kann auf diese Versicherungen verzichtet werden. Im Übrigen ist in der Fahrradversicherung meist ein hoher Selbstbehalt enthalten. Manche Versicherer bestimmen sogar, dass der Vertrag nach einem Schadensfall automatisch erlischt. Nur bei extrem teuren Rädern kann man an den Abschluss eines solchen Vertrages denken, sollte sich jedoch eingehend mit den Versicherungsbedingungen auseinandersetzen, um zum Beispiel bei einem Diebstahl nicht feststellen zu müssen, dass gerade diese Variante des Diebstahls nicht versichert ist.

Preiswerten Schutz für das Rad bietet eine Zusatzklausel zur Hausratversicherung. Sie ist gesondert zu vereinbaren, kann aber ebenfalls einige Lücken haben. So ist häufig das Rad während des Gebrauchs oft nur zwischen 6 und 22 Uhr versichert; außerhalb dieser Zeit nur dann, wenn es sich in einem abgeschlossenen Fahrradabstellraum oder »in Gebrauch« befindet. Ist das Fahrrad aber draußen irgendwo angeschlossen, so gilt es nicht als »in Gebrauch«, wenn es länger als zwei Stunden dort steht (siehe auch Seite 126).

Reisegepäckversicherung

Vom Abschluss einer Reisegepäckversicherung raten wir ab, weil sie für einen relativ hohen Beitrag nur einen minimalen Schutz bietet. Die Versicherer lehnen im Schadensfall nämlich in der Vielzahl der Fälle erfolgreich eine Schadenersatzleistung mit der Begründung ab, der Schaden sei durch »grobe Fahrlässigkeit« herbeigeführt worden. Diese Auffassung wird durch gerichtliche Entscheidungen immer wieder unterstützt, da die Gerichte offenbar meinen, dass man im Urlaub ganz besondere Vorsichtsmaßnahmen zu ergreifen hat, um einem Gepäckdiebstahl vorzubeugen. Wenn man aber all diese Vorsichtsmaßnahmen ergreift, ist es einem Dieb fast nicht mehr möglich, das Gepäck zu stehlen.

Insassenunfallversicherung

Eine Insassenunfallversicherung können Sie als Zusatz zur Kfz-Versicherung abschließen. Allerdings ist diese Versicherungsform in den meisten Fällen überflüssig. Haben Sie einen Unfall verschuldet, kommt Ihre eigene Kfz-Haftpflichtversicherung für berechtigte Schadensersatzansprüche der Bei- und Mitfahrer, das heißt auch der Ehegatten und Kinder, auf. War der Unfallgegner schuld, zahlt dessen Versicherung. Nur der Fahrer selbst ist bei einem selbst verschuldeten Unfall nicht versichert. Dies gilt natürlich nicht für bestehende »normale« Unfallversicherungen oder die private oder gesetzliche Berufsunfähigkeitsversicherung oder die gesetzliche Erwerbsminderungsrente.

Tierkrankenversicherung

Tierarztkosten sind häufig sehr hoch, und die meisten Tierhalter werden kaum so herzlos sein, ihr Tier leiden zu lassen. Dennoch ist vom Abschluss einer Tierkrankenversicherung abzuraten. Zu zahlreich sind die Einschränkungen. So sind in der Regel die Impfungen und Behandlungen der ersten vier bis sechs Lebensmonate gar nicht versichert. Hinzu kommen für jede Behandlung ein Selbstbehalt und eine Höchstentschädigungsgrenze zum Beispiel von 600 Euro für eine Einzelbehandlung bei einem Hund. Daneben gibt es eine Vielzahl von Ausschlüssen, wie etwa angeborene oder chronische Erkrankungen.

16

Wie kommen Sie an die richtigen Verträge?

Versicherungsbedarf analysieren

Mithilfe dieses Ratgebers konnten Sie sich hoffentlich darüber informieren, welche Verträge Sie benötigen und welche nicht.

Wenn Sie sich die Mühe gemacht haben, Ihren Versicherungsbedarf grundsätzlich zu checken, sollten Sie jetzt auch im Sachbereich nur solche Verträge abschließen, die genau Ihrem Risiko entsprechen. Was nützt die beste Hausratversicherung, wenn Sie etwa in Ihrer Wohnung auch ein Büro haben und dieses beim Otto-Normal-Versicherer nicht mitversichert ist? Im Bereich der Personenversicherungen ist billig versichert auch nicht immer richtig versichert. Dies gilt zum Beispiel ganz besonders für Berufsunfähigkeitsversicherungen.

Führen Sie selbst oder zusammen zum Beispiel mit den Beraterinnen und Beratern der Verbraucherzentralen sogenannte **Risikoanalysen** durch und wählen Sie dann einen preisgünstigen Anbieter, der genau zu Ihrem Profil passt. Viele Verbraucherzentralen bieten diesen Service mittlerweile an.

Die aktuellen **Adressen aller Anbieter** finden Sie im Internet auf der Homepage des Gesamtverbandes der deutschen Versicherungswirtschaft unter *www.gdv.de*.

Ausführliche aktuelle Vergleichstests in allen Versicherungssparten finden Sie im Internet auf den Seiten der **Stiftung Warentest** *(www.test.de)*. Diese Tests werden auch in der Zeitschrift »Finanztest« der Stiftung Warentest veröffentlicht. Diese können Sie in allen Beratungsstellen der Verbraucherzentralen einsehen. Dort finden Sie auch weitere Informationen in der **»Infothek«**. Sie erhalten außerdem kostenpflichtige, computergestützte Beratungen hinsichtlich des Versicherungsschutzes. Ebenso für den Schadensfall erhalten Sie eine entsprechende Beratung und auch Rechtsvertretung.

Eine pauschale Nennung von empfehlenswerten Anbietern nehmen wir hier nicht vor. Zu groß sind die Preis-Leistungs-Unterschiede. Die »richtigen« Anbieter finden Sie in der Regel durch eine **individuelle Risikoanalyse**, da die billigen Standardpakete häufig zu große Versicherungslücken haben. Was nützt zum Beispiel der günstigste Wohngebäudeversicherer, wenn er die erhöhten Kosten für eine umweltgerechte Entsorgung nach einem Brand nicht absichert?

17

Beendigung falscher und teurer Versicherungen

Widerrufsrecht und -frist für alle Versicherungssparten

Seit dem 1. Januar 2009 gelten für alle Versicherungsverträge, unabhängig vom Datum, an dem sie geschlossen wurden, einheitlich die gleichen Regelungen.

Widerrufs- oder Kündigungsschreiben sollten Sie immer per **Einschreiben mit Rückschein** versenden. Nur so sind Sie in der Lage, die Absendung und das Eintreffen zu beweisen. Etwas billiger ist das Übergabe-Einschreiben. Auch dabei bleibt der Zeitpunkt der Zustellung nachweisbar, da die Post den Zustellungsvermerk archiviert. Senden Sie Ihre Schreiben rechtzeitig vor Ablauf der Fristen ein, damit sie auch dann rechtzeitig eingehen, wenn auf dem Postweg eine Verzögerung eintritt.

Auch wenn Ihnen das Einschreiben mit Rückschein einen guten Beweis für das Eintreffen Ihres Schreibens bietet, können Sie nach § 127 Bürgerliches Gesetzbuch Ihr Schreiben auch per Telefax absenden. Sicherlich ein wesentlich kostengünstigerer und einfacherer Weg. Viele Gesellschaften bevorzugen mittlerweile diesen Weg, weil die Faxe automatisch per Computer eingelesen werden und so ohne Zwischenschritte auf dem Tisch des Sachbearbeiters landen können. Vergessen Sie dann aber auf keinen Fall, sich einen gesonderten **Sendebericht** auszudrucken. So können Sie im Zweifel nachweisen, wann und wohin Ihr Schreiben übermittelt wurde und dass es ordnungsgemäß eingetroffen ist.

Wenn Sie bereits kurz nach Abschluss eines Vertrages feststellen, dass Sie bei einem zu teuren Anbieter gelandet sind oder eine andere Gesellschaft einen besseren Schutz bietet, haben Sie die Möglichkeit, sich durch Widerruf vom Vertrag zu trennen. Für alle Nicht-Lebensversicherungen beträgt die Frist zwei Wochen (§ 8 Abs. 1 S. 1 Versicherungsvertragsgesetz).

Für alle Lebensversicherungen beträgt sie 30 Tage (§ 152 Abs. 1 Versicherungsvertragsgesetz). Zu den Lebensversicherungen in diesem Sinn zählen die Risikolebensversicherungen sowie die kapitalbildenden und fondsgebundenen Lebens- und Rentenversicherungen sowie die Berufsunfähigkeitsversicherungen.

Dieses allgemeine Widerrufsrecht gilt nur in folgenden Fällen nicht:

- bei Verträgen, die nicht länger als einen Monat laufen (zum Beispiel Reiserücktrittsversicherung),
- bei Verträgen über eine vorläufige Deckung (zum Beispiel Kfz-Haftpflicht) und
- bei Verträgen, die schon vollständig erfüllt sind, bevor überhaupt die Unterlagen zugesendet werden können (zum Beispiel eine Reiseunfallversicherung)

Die Fristen beginnen erst zu laufen, wenn Ihnen folgende Unterlagen vollständig vorliegen: Nach § 7 Abs. 1 Versicherungsvertragsgesetz müssen diese Informationen und/oder Belehrungen aber nicht mehr zwingend schriftlich übergeben werden. Es wird nur die sogenannte Textform verlangt. Dazu genügt eine Übersendung per E-Mail, Datei auf Diskette, Stick oder CD-ROM, Telefax oder (nicht unterschriebenem) Brief. Einzige Voraussetzung ist, dass die Information den Erklärenden bezeichnet, in leserlichen Schriftzeichen verfasst ist und der Abschluss der Erklärung erkennbar gemacht ist. Einzige Ausnahme: Die Police muss der Versicherer Ihnen als echte Urkunde – also als echtes Papier-Dokument – aushändigen, wenn Sie dies verlangen (§ 3 Abs. 1 Versicherungsvertragsgesetz). Den Zugang aller Unterlagen beim Kunden muss der Versicherer im Streitfall nachweisen. Dies dürfte zum Beispiel bei E-Mail kaum möglich sein.

Die Frist beginnt jedoch erst gar nicht zu laufen, wenn Ihnen die Informationen nicht oder nur unvollständig oder fehlerhaft zugegangen sind oder wenn der Versicherer Sie nicht oder nur fehlerhaft über Ihr Recht belehrt hat. In diesem Fall erlischt das Widerrufsrecht nach dem Buchstaben des Gesetzes eigentlich gar nicht. Anders als im »alten« Versicherungsvertragsgesetz gibt es dazu keine Regelung. Allerdings gilt als sicher, dass Sie zum Beispiel nach jahrelanger Beitragszahlung Ihr Widerrufsrecht »verwirken«. Hier kommen dann die Grundsätze von »Treu und Glauben« gemäß § 242 des Bürgerlichen Gesetzbuches zum Tragen.

In diesem Zusammenhang gibt es nun auch schon die ersten Streitigkeiten, die aber noch nicht obergerichtlich entschieden sind, da die entsprechenden Regelungen erst seit Januar 2009 gelten. Umstritten ist zum Beispiel, ob die Widerrufsfrist zu laufen beginnt, wenn dem Kunden die Verbraucherinformationen per CD übergeben worden sind, er aber gar keinen privaten Computer hat. Wir sind der Meinung, dass die Informationen nicht »zugegangen« sind, die Widerrufsfrist nicht zu laufen begonnen hat und daher davon betroffene Verträge noch bis zu rund drei Jahren nach Abschluss widerrufen werden können.

Bevor Sie sich nun im Einzelnen mit Ihren Möglichkeiten der Kündigung auseinandersetzen, müssen Sie zunächst feststellen, ob Sie eine Lebens-, eine private Krankenvollversicherung oder eine sonstige Versicherung beenden wollen. Lesen Sie dann weiter im Abschnitt »Kündigung von Nicht-Lebensversicherungen« auf Seite 195, beziehungsweise im Abschnitt »Beendigung von Lebensversicherungen« auf Seite 198.

Kündigung von Nicht-Lebensversicherungen

Wenn Sie von einem der nachfolgend beschriebenen außerordentlichen Kündigungsrechte Gebrauch machen, stellen Sie unbedingt sicher, dass Sie einen nahtlos anschließenden **Folgevertrag** haben, wenn es sich um einen Vertrag handelt, der wichtig für Sie ist.

Vertragsdauer und allgemeine Kündigung (§ 11 Versicherungsvertragsgesetz)
Kundenfreundliche Versicherer schließen mit ihren Versicherten grundsätzlich nur Jahresverträge ab. Diese sind dann jährlich kündbar. Bei Zufriedenheit beider Seiten verlängern sie sich jeweils automatisch immer um ein Jahr.

Unfreundliche oder vor allem zu teure Versicherer konnten in der Vergangenheit ihre Kunden fünf oder früher sogar zehn Jahre knebeln. Diese Zeiten sind endgültig vorbei.

Das neue Versicherungsvertragsgesetz bestimmt jetzt ausdrücklich und einheitlich für alle Verträge, die nicht zu den Lebens- und nicht zu den Krankenversicherungen zählen, dass zunächst eine maximale Vertragsdauer von drei Jahren vereinbart werden darf. Danach haben beide Seiten ein jährliches Kündigungsrecht, § 11 Abs. 4 Versicherungsvertragsgesetz. Wenn beide Seiten mit dem Vertragsverlauf zufrieden sind, verlängert er sich nach den ersten drei Jahren dann jeweils automatisch jährlich § 11 Abs. 1 Versicherungsvertragsgesetz.

Die allgemeine Kündigungsfrist ist ebenfalls für beide Seiten gleich: Sie muss mindestens einen Monat und darf längstens drei Monate dauern. Die einmonatige Kündigungsfrist gibt es zum Beispiel in der Kfz-Haftpflichtversicherung. In den anderen Sparten ist bisher die Frist von drei Monaten üblich.

Kündigungsrecht nach einer Beitragserhöhung (§ 40 Versicherungsvertragsgesetz)

Erhöht der Versicherer den Beitrag, ohne auch die Leistungen zu erhöhen, haben Sie das Recht, den Vertrag zu kündigen. Ihnen steht dazu eine Frist von einem Monat nach Zugang der Erhöhungsmitteilung zu. Die Gesellschaft ist gesetzlich verpflichtet, Sie auf dieses Recht hinzuweisen.

Das Gleiche gilt natürlich auch, wenn der Versicherer die Leistung vermindert, den Beitrag aber beibehält. Denn de facto ist das auch eine Prämienerhöhung.

Beispiel

Teilt Ihnen der Versicherer zum Beispiel am 25. Mai mit, dass er zum 1. Juli den Beitrag erhöhen wird, muss Ihre Kündigung bis spätestens dem 25. Juni beim Versicherer eingetroffen sein, und sie bezieht sich auf den 1. Juli.

Das Gesetz bestimmt ausdrücklich, dass die Erhöhungsmitteilung des Versicherers spätestens einen Monat vor Wirksamwerden vorzuliegen hat. Hält er sich daran, bezieht sich Ihre Kündigung auf den Zeitpunkt des Wirksamwerdens der Erhöhung.

Die Vergangenheit hat aber gezeigt, dass es Anbieter gibt, die die Benachrichtigung über die Erhöhung gar nicht oder erst danach verschicken. In diesem Fall können Sie innerhalb eines Monats ab Zugang der Benachrichtigung den Vertrag mit sofortiger Wirkung kündigen.

Kündigungsrecht nach einem Schadensfall

Nach einem Schadensfall in einer Sachversicherung haben beide Seiten das Recht, innerhalb eines Monats nach Ende der Verhandlungen den Vertrag zu kündigen (§ 92 Versicherungsvertragsgesetz).

Das Versicherungsunternehmen muss dabei eine Frist von einem Monat einhalten. Sie als Versicherter haben die Wahl, ob Sie fristlos oder zum Ende der laufenden Versicherungsperiode kündigen. Letzteres empfiehlt sich, wenn der Vertrag von seiner Art her wichtig ist und Sie sich zum Beispiel Zeit bei der Suche nach einem sehr guten Anschlussvertrag lassen möchten.

[ ] **Tipp**

Keine Regel ohne Ausnahme: Eine spezielle Hagelversicherung können Sie im Schadensfall nicht vorzeitig kündigen. Allerdings spielt ein solcher Spezialvertrag bei Otto Normalverbraucher auch keine Rolle. Solche Versicherungen werden zum Beispiel in der Landwirtschaft abgeschlossen. Der Hagelschutz zum Beispiel in der Wohngebäudeversicherung ist damit nicht gemeint.

Nach einem Schadensfall in einer Haftpflichtversicherung haben beide Seiten das Recht, innerhalb eines Monats nach Ende der Verhandlungen den Vertrag zu kündigen (§ 111 Versicherungsvertragsgesetz), wenn der Versicherer den Fall anerkannt oder zu Unrecht abgelehnt oder die Weisung erteilt hat, es auf eine Klage des Geschädigten ankommen zu lassen.

Für die Fristen gilt das zuvor Geschriebene. Im Bereich Haftpflicht sollten Sie ganz besonders gut überlegen, ob Sie fristlos kündigen. Da Sie nach dem Bürgerlichen Gesetzbuch grenzenlos haften, sollte dies ausschließlich dann geschehen, wenn ein nahtlos anschließender Folgevertrag bereits unter Dach und Fach ist.

Für die Rechtsschutzversicherung gibt es leider immer noch keine einheitliche Regelung im Versicherungsvertragsgesetz. Hier hilft also nur der Blick in die eigenen Versicherungsbedingungen, da hier alle möglichen (und unmöglichen) Varianten vertreten sind.

Beendigung von Lebensversicherungen

Private kapitalbildende Lebens- und Rentenversicherungen, die Sie vor dem 1. Januar 2005 abgeschlossen haben, sollten Sie nur in dringenden Notfällen beitragsfrei stellen und nur in noch dringenderen Notfällen kündigen. Diese Verträge kommen am Ende der Laufzeit steuerfrei zur Auszahlung. Je länger sie schon laufen desto unsinniger ist es, sie vorzeitig zu beenden. Dies gilt selbst bei ertragsschwachen Gesellschaften. Der Steuervorteil ist durch einen Wechsel zu wesentlich ertragreicheren Gesellschaften oder Anlagearten nach unseren Berechnungen nicht zu überbieten.

Grundsätzlich stehen Ihnen bei Lebensversicherungen folgende Rechte zur Verfügung:

- Kündigung zum Rückkaufswert
- Beitragsfreistellung
- Verkürzung der Laufzeit
- Verkauf der Police

Diese Schritte sind in der Regel mit erheblichen finanziellen Einbußen verbunden. Prüfen Sie, ob Sie nicht Ihren Vertrag dahingehend ändern können, dass Sie Beiträge sparen oder die Ertragsstärke des Vertrages steigern können, damit sich eine vorzeitige Beendigung erübrigt. Lesen Sie dazu unbedingt unsere Hinweise zum »Policen-Trimm« auf Seite 199 ff.

Dies gilt umso mehr, als es sich bei den hier betroffenen Verträgen in der Regel um Versicherungen handelt, die vor dem 1. Januar 2005 abgeschlossen wurden und daher steuerfrei zur Auszahlung kommen. Diesen Steuervorteil können Sie je nach dem von Ihnen gewählten Schritt ganz oder teilweise verlieren:

Bei der Kündigung zum Rückkaufswert verlieren Sie diesen späteren Steuervorteil, da der Vertrag erlischt. Die Beitragsfreistellung führt zu einer Kürzung der steuerfreien Auszahlung. Beim Verkauf erhält der Käufer die Summe dagegen steuerfrei am Ende der Laufzeit. Dies gilt aber seit dem 1. Januar 2009 nur noch dann, wenn der Vertrag zum Zeitpunkt des Verkaufs schon länger als zwölf Jahre bestanden hat.

Die Verkürzung der Laufzeit werten die Finanzämter als »Novation«. Dies hat zur Folge, dass auch auf Verträge, die vor dem 31. Dezember 2004 abgeschlossen wurden, das nach dem 1. Januar 2005 geänderte Steuerrecht Anwendung findet: Die spätere Auszahlung ist zu versteuern. Wir empfehlen diesen Schritt daher auf keinen Fall.

Prüfen Sie die Verträge – »Policen-Trimm«

Zur Verbesserung der Ertragsstärke Ihres Vertrages oder zur Senkung von Beiträgen haben Sie je nach derzeitiger Ausgestaltung folgende Möglichkeiten: Umstellung der Beitragszahlung auf Jahresbeiträge, Kündigung von unnötigen Zusatzversicherungen zum Beispiel Unfallzusatzversicherung, Umstellung des Überschusssystems oder Anpassung der Dynamik.

Die meisten Versicherten zahlen die Prämien für ihre kapitalbildenden Versicherungen in monatlichen Raten. Die wenigsten wissen, dass damit ein Ratenzuschlag von bis zu fünf Prozent im Jahr verbunden ist, es also preiswerter ist, die Prämie pro Jahr zu zahlen.

Falls es Ihnen nicht möglich ist, schlagartig auf eine Jahreszahlung umzusteigen, sollten Sie wie folgt vorgehen: Zahlen Sie zunächst weiter ihre Beiträge in Raten. Legen Sie den gleichen Betrag entsprechend Ihrer Zahlungsweise zum Beispiel auf einem Tagesgeldkonto an. Am Ende des Versicherungsjahres informieren Sie Ihre Gesellschaft, dass Sie auf jährliche Beitragszahlung umstellen wollen. Dazu nehmen Sie den entsprechenden Betrag vom Tagesgeldkonto. So sparen Sie sich nicht nur den Ratenzuschlag, sondern Sie erhalten darüber hinaus noch die Zinsen vom Tagesgeldkonto.

Es gibt Gesellschaften, deren Geschäftspolitik es zu sein scheint, an jede Kapitallebensversicherung eine Unfalltod-Zusatzversicherung anzuhängen. Eine Notwendigkeit für eine solche Zusatzversicherung können wir nicht erkennen. Sie können diese Zusatzversicherung entsprechend Ihrer Beitragszahlweise kündigen. Wenn Sie derzeit noch monatlich ihre Beiträge entrichten, können Sie sie monatlich kündigen.

Schauen Sie nach, welches Überschusssystem in Ihrem Vertrag zur Anwendung kommt. Ist dort angegeben, dass das System »verzinsliche Ansammlung« verwendet wird, ist alles gut. Die mit ihren Beiträgen erwirtschafteten Gewinne werden verzinst angesammelt und dienen einer Erhöhung der Endauszahlung.

Wenn Sie aber feststellen, dass das Überschusssystem als »Bonussystem« oder als »Sofortrabatt« bezeichnet wird, sollten Sie sich an Ihre Gesellschaft wenden und nachfragen, ob man auf »verzinsliche Ansammlung« umstellen kann. Ein Recht darauf besteht allerdings nicht. Beim »Bonussystem« werden die Gewinne zur Erhöhung der Versicherungssumme im Todesfall verwendet. Beim »Sofortrabatt« werden die Gewinne mit dem Beitrag verrechnet und verringern diesen. Sinn und Zweck einer kapitalbildenden Lebensversicherung ist es aber, neben der Absicherung von Angehörigen eine möglichst hohe Ablaufleistung anzusparen. Dies ist aber nur mit dem System »verzinsliche Ansammlung« zu schaffen.

[ ] **Tipp**

Bevor Sie diesen Schritt unternehmen, lassen Sie sich steuerlich beraten. Es ist möglich, dass ihr Finanzamt diese Umstellung als »Novation« einstuft. Dies würde aber dazu führen, dass der Vertrag am Ende der Laufzeit nicht mehr steuerfrei zur Auszahlung kommt.

Wenn Sie eine Kapitallebensversicherung mit **dynamischer Erhöhung** abgeschlossen haben, ist dies insbesondere in den ersten Jahren nicht zu beanstanden. Sie erhalten regelmäßig eine höhere Versicherungssumme, ohne eine erneute Gesundheitsprüfung durchlaufen zu müssen. Da für diese Erhöhungen auch keine sogenannten Stückkosten erhoben werden, kann es sogar geschehen, dass die Rendite für diesen Anteil höher ist als für die Grundversicherung.

Allerdings kann die Rendite der dynamischen Erhöhungen im letzten Drittel der Laufzeit des Vertrages negativ werden, weil der Risikoanteil, der in der Dynamik enthalten ist, mit steigendem Alter immer höher wird und der Sparanteil immer geringer. Wenn also Ihr Vertrag das letzte Drittel der Laufzeit erreicht hat, sollten Sie auf jeden Fall der dynamischen Erhöhung widersprechen. Meist entfällt die Dynamik ganz, wenn Sie drei Erhöhungen hintereinander widersprechen. Der erneute Einschluss der Dynamik wäre dann mit einer neuen Gesundheitsprüfung verbunden.

Kündigung zum Rückkaufswert

Sie können den Versicherungsvertrag zum Rückkaufwert kündigen und erhalten dann den Sparanteil Ihres Beitrags und die damit erwirtschafteten Zinsen ausgezahlt. Bei Verträgen, die noch nicht sehr lange laufen, liegt der Betrag oftmals weit unter den eingezahlten Beiträgen.

Die Gesellschaften begründen die zum Teil sehr großen Differenzen zwischen der Summe der eingezahlten Beiträge und dem zur Auszahlung kommenden **Rückzahlungswert** damit, dass von Ihren Prämien die Verwaltungskosten, Vertreterprovisionen und Rückstellungen für den Fall des vorzeitigen Todes abzuziehen sind und erst der danach überschießende Anteil für den Sparvorgang verwendet wird. Aufgrund dieser Vorgehensweise gehen wir davon aus, dass oftmals von den Beiträgen der ersten drei Versicherungsjahre nur ein sehr geringer Anteil für den Sparvorgang verwandt wird.

Beitragsfreistellung

Sie können den Vertrag auch beitragsfrei stellen. Voraussetzung ist, dass die Mindestversicherungssumme beziehungsweise Mindestrente erreicht ist. Wie hoch dieser Betrag sein muss, ist jeweils individuell im Vertrag geregelt. Falls Sie ihn nicht erkennen können, fragen Sie bei Ihrer Gesellschaft nach. Der Vertrag läuft dann bis zum vorgesehenen Ende mit einer verminderten Versicherungssumme oder Monatsrente weiter, ohne dass dafür Beiträge zu zahlen sind. Im Erlebensfall wird dieser Betrag dann zuzüglich der Überschussanteile ausgezahlt.

Seit dem 1. Januar 2008 sind die Gesellschaften gesetzlich verpflichtet, Sie nicht nur bei ordnungsgemäßer Erfüllung des Vertrages, sondern auch bei einer vorzeitigen Kündigung oder Beitragsfreistellung anteilig an den sogenannten **stillen Reserven** zu beteiligen. Dies sind vom Versicherer noch nicht realisierte Gewinne. Sie ergeben sich aus der Differenz zwischen dem Bilanzwert (Anschaffungswert/Buchwert) und dem tatsächlichem Wert der Wertobjekte (zum Beispiel Immobilien, Aktien oder Zinspapiere), die die Gesellschaft während der Laufzeit Ihres Vertrages erworben hat.

Verkauf der Police

Wenn Sie Ihre Kapitallebens- oder Rentenversicherung vorzeitig beenden, weil Sie dringend auf Geld angewiesen sind, sollten Sie prüfen, ob es lohnt, sie zu verkaufen.

Seit einigen Jahren bieten Firmen wie cash.Life an, Kapitallebens- oder Rentenversicherungen zu kaufen, wenn sie bestimmte Anforderungen erfüllen. Voraussetzung dafür ist zunächst, dass die ungekürzte Restlaufzeit der Police höchstens 15 Jahre und dass der aktuelle Rückkaufswert der Police mindestens 10.000 Euro beträgt.

Weiterhin ist erforderlich, dass die Firmen Ihren Versicherer als ertragsstark einstufen und dieser mit der Übernahme einverstanden ist. Je nach Einstufung Ihrer Gesellschaft werden es etwa sieben bis zwölf Prozent mehr. Die Unternehmen übernehmen den Vertrag dergestalt, dass sie die Beitragszahlung bis zum Ende der Laufzeit fortführen. Sollten Sie während der Laufzeit sterben, so erhalten Ihre Angehörigen die Todesfallsumme. Diese wird allerdings noch um die Beitragszahlungen des Käufers gekürzt. Erleben Sie den Ablauf des Vertrages, so erhält die Firma die gesamte Auszahlung.

Es gibt auch Trittbrettfahrer, die die Verträge zum Beispiel an Cash.Life oder andere Investoren vermitteln. Bevor Sie bei einer Ihnen unbekannten Firma einen Vertrag unterzeichnen, sollten Sie unbedingt bei Ihrer Verbraucherzentrale nachfragen, ob und welche Informationen dort darüber vorliegen. Hinweise finden Sie auch beim Bundesverband Vermögensanlagen im Zweitmarkt Lebensversicherungen *(www.bvzl.de)*.

[ ] **Tipp**

Falls Sie eine Überprüfung wünschen, so wenden Sie sich an die Bundesanstalt für Finanzdienstleistungsaufsicht. Die Adresse finden Sie am Ende des Ratgebers auf Seite 206.

Noch dringender warnen wir vor dem »Verkauf« an Firmen, die Ihnen das Kapital nicht auf ein Mal, sondern in mehreren Raten mit Zins und Zinseszins auszuzahlen versprechen. Garniert werden diese Angebote häufig noch mit den tollsten Renditen.

So soll ein Geschäftsmodell zum Beispiel wie folgt funktionieren: Sie »verkaufen« Ihren Vertrag. Die Firma, die Ihren Vertrag übernimmt, kündigt ihn aber tatsächlich lediglich zum Rückkaufswert selbst. Sie zahlt Ihnen dann einen kleinen Betrag aus. Vom Rest des Geldes (und dem aller anderen Kunden) sollen Immobilien aus Zwangsversteigerungen aufgekauft und später wieder mit Super-Gewinnen verkauft werden. Von diesen Gewinnen sollen Sie später auch profitieren – falls die Firma bis dahin nicht selbst zwangsversteigert werden musste. Garantiert ist natürlich nichts und den Verbraucherzentralen hat bis zum Sommer 2010 nicht ein Angebot dieser Art vorgelegen, das man als seriös bezeichnen könnte.

18 Anhang

Wichtige Anschriften

Verbraucherzentrale Bundesverband e.V.
Markgrafenstr. 66
10969 Berlin
Tel.: (030) 2 58 00-0
Fax: (030) 2 58 00-218
info@vzbv.de
www.vzbv.de

Stiftung Warentest
Lützowplatz 11–13
10785 Berlin
Tel.: (030) 2 63 10
Fax: (030) 26 31 27 27
email@stiftung-warentest.de
www. stiftung-warentest.de

Unabhängige Patientenberatung Deutschland (UPD)
Littenstraße 10
10179 Berlin
Tel.: (0800) 011 77 22
Fax: (030) 20 08 92 350
info@upd-online.de
www. upd-online.de

Bundesanstalt für Finanzdienstleistungsaufsicht
Graurheindorfer Straße 108
53117 Bonn
Tel.: (0228) 41 08-0
Fax: (0228) 4108-15 50
www.bafin.de

Verbraucherzentrale Baden-Württemberg e.V.
Paulinenstr. 47
70178 Stuttgart
Tel.: (0711) 66 91-10
Fax: (0711) 66 91-50
info@vz-bawue.de
www.vz-bawue.de

Verbraucherzentrale Bayern e. V.
Mozartstr. 9
80336 München
Tel.: (089) 53 98 70
Fax: (089) 53 75 53
info@verbraucherzentrale-bayern.de
www.verbraucherzentrale-bayern.de

Verbraucherzentrale Berlin e. V.
Hardenbergplatz 2
10623 Berlin
Tel.: (030) 214 85-0
Fax: (030) 211 72 01
mail@verbraucherzentrale-berlin.de
www.verbraucherzentrale-berlin.de

Verbraucherzentrale Brandenburg e. V.
Templiner Str. 21
14473 Potsdam
Tel.: (0331) 298 71-0
Fax: (0331) 298 71-77
info@vzb.de
www.vzb.de

Verbraucherzentrale Bremen e. V.
Altenweg 4
28195 Bremen
Tel.: (0421) 16 07 77
Fax: (0421) 16 07 780
info@vz-hb.de
www.verbraucherzentrale-bremen.de

Verbraucherzentrale Hamburg e. V.
Kirchenallee 22
20099 Hamburg
Tel.: (040) 2 48 32-0
Fax: (040) 2 48 32-290
info@vzhh.de
www.vzhh.de

Verbraucherzentrale Hessen e. V.
Große Friedberger Straße 13–17
60313 Frankfurt/Main
Tel.: (069) 97 20 10-0
Fax: (069) 97 20 10-50
vzh@verbraucher.de
www.verbraucher.de

Neue Verbraucherzentrale in Mecklenburg und Vorpommern e. V.
Strandstr. 98
18055 Rostock
Tel.: (0381) 2 08 70-50
Fax: (0381) 2 08 70-30
info@nvzmv.de
www.nvzmv.de

Verbraucherzentrale Niedersachsen e. V.
Herrenstr. 14
30159 Hannover
Tel.: (0511) 91 19 60
Fax: (0511) 9 11 96 10
info@vzniedersachsen.de
www.verbraucherzentrale-niedersachsen.de

Verbraucherzentrale Nordrhein-Westfalen e. V.
Mintropstr. 27
40215 Düsseldorf
Tel.: (0211) 38 09-0
Fax: (0211) 38 09-172
vz.nrw@vz-nrw.de
www.verbraucherzentrale-nrw.de

Verbraucherzentrale Rheinland-Pfalz e. V.
Seppel-Glückert-Passage 10
55116 Mainz
Tel.: (06 31) 2 84 80
Fax: (06 13) 28 48 66
info@vz.rlp.de
www.verbraucherzentrale.rlp.de

Verbraucherzentrale Saarland e.V.
Haus der Beratung
Trierer Str. 22
66111 Saarbrücken
Tel.: (0681) 5 00 89-0
Fax: (0681) 5 88 09 22
vz-saar@vz-saar.de
www.vz-saar.de

Verbraucherzentrale Sachsen e. V.
Brühl 34–38
04109 Leipzig
Tel.: (0341) 69 62 90
Fax: (0341) 68 92 826
vzs@vzs.de
www.verbraucherzentrale-sachsen.de

Verbraucherzentrale Sachsen-Anhalt e.V.
Steinbockgasse 1
06108 Halle
Tel.: (0345) 2 98 03-0
Fax: (0345) 2 98 03-26
vzsa@vzsa.de
www.vzsa.de

Verbraucherzentrale Schleswig-Holstein e.V,.
Andreas-Gayk-Straße 15
24103 Kiel
Tel.: (0431) 5 90 99-0
Fax: (0431) 5 90 99-77
info@verbraucherzentrale-sh.de
www.verbraucherzentrale-sh.de

Verbraucherzentrale Thüringen e. V.
Eugen-Richter-Straße 45
99085 Erfurt
Tel.: (0361) 55 51 40
Fax: (0361) 55 51 440
info@vzth.de
www.vzth.de

Stichwortverzeichnis

A
Altersrückstellungen
private Krankenversicherung *55*
ambulante Ergänzungstarife
gesetzliche Krankenversicherung *38*
Anschriften
wichtige *206*
Arbeitsunfähigkeit
Krankentagegeldversicherung *74*
Aufsichtspflicht
private Haftpflichtversicherung *115*
Auslandsreisekrankenversicherung *172*
Vertragsabschluss *173*
Autoschutzbrief *167*
Abschluss *169*
Autoversicherungen, siehe Kfz-Versicherungen

B
Bagatellschaden
Kfz-Versicherungen *163*
Basistarif
private Krankenversicherung *55*
Bauherrenhaftpflichtversicherung *119*
Behandlungsvertrag
privatrechtlicher *50*
Beitragserhöhung
private Krankenversicherung *52*
Beitragsrückgewähr
gesetzliche Krankenversicherung *32*
Beitragssatz
gesetzliche Krankenversicherung *41*
Beitragsverrechnung
Risikolebensversicherung *105*
Berufsgenossenschaft *97*
Berufsunfähigkeitsversicherung *76, 86, 95*
Risikovoranfrage *89*
Übergangshilfe Rente *88*
besondere Risiken
private Haftpflichtversicherung *119*
Blitzschlag
Wohngebäudeversicherung *137*
Brand
Wohngebäudeversicherung *137*

D
Doppelkarte *162*
Dread Disease-Versicherung *92*

E
Eigentümer- und Mietrechtsschutz *147*
Einbruch
Hausratversicherung *135*
Elektrogeräte-Reparaturversicherung *18*
Elementarschäden
Hausratversicherung *124*
Wohngebäudeversicherung *137*
Erdbeben, Erdrutsch, Erdsenkung
Wohngebäudeversicherung *137*
Erwerbsminderungsrente *82*
Erwerbsunfähigkeitsversicherung *90*
Explosion *137*

F
Fahrlässigkeit
private Haftpflichtversicherung *112*
Fahrrad
Hausratversicherung *126*
Fahrradversicherung *184*
Forderungsausfallversicherung
private Haftpflichtversicherung *117*

G
Gebäudewert
Wohngebäudeversicherung *138*
gesetzliche Krankenversicherung
Wechsel *40*
gesetzliche Unfallversicherung *97*
Glasversicherung *184*
Grundeigentümerverein *149*
Grundfähigkeitsversicherung *90*

H
Haftpflichtversicherung *17*
  Bauherren *119*
  Kraftfahrzeuge *156*
  private *110*
    Aufsichtspflicht *115*
    Ausschlüsse *113*
    Forderungsausfallversicherung *117*
    Leistungen *111*
    Mietsachschadenklausel *117*
    Versicherungssumme *116*
Hausarztverträge
  gesetzliche Krankenversicherung *31*
Hausratversicherung *122*
  Einbruch *135*
  Elementarschäden *124*
  Fahrrad *126*
  Probleme im Schadensfall *134*
  Quadratmeter-Lösung *132*
  Reisen *127*
  Sonderbedingungen *124*
  Unterversicherung *128, 132*
  versicherte Gefahren *124*
  versicherte Gegenstände *123*
  Wert *128*
  Wertermittlung *129*
Heilbehandlung
  medizinisch notwendige *72*
Hinweis- und Informationssystem (HIS) *88*
Hochwasser
  Wohngebäudeversicherung *138*

I
Insassenunfallversicherung *166, 186*
Internet
  Versicherungsportale *180*
Invaliditätsversicherung für Kinder *100*

J
Jahresarbeitsentgeltgrenze *44*

K
Kapitallebensversicherung *18*
Kfz-Versicherungen *18, 156*
  Bagatellschaden *163*
  Einschränkungen *158*
  Haftpflichtversicherung *156*
  Rabatte *160*
  Schadensfreiheitsklassen *163*
  Schadensregulierung *165*
  Teilkasko *156*
  Vollkasko *156*
  Zurückstufung *163*
Kind
  Invaliditätsversicherung *100*
  private Haftpflichtversicherung *114*
  Unfallversicherung *102*
Kostenübernahme
  Rechtsschutzversicherung *148*
Krankengeld
  gesetzliche Krankenversicherung *69*
Krankenhaustagegeldversicherung *184*
Krankenhauszusatzversicherung
  gesetzliche Krankenversicherung *35*
Krankenkasse, siehe Krankenversicherung, gesetzliche
Krankentagegeldversicherung *72*
  Arbeitsunfähigkeit *74*
  Ausschlüsse *74*
Krankenversicherung
  Auslandsreise *172*
  gesetzliche
    ambulante Ergänzungstarife *38*
    Beitragsrückgewähr *32*
    Beitragssatz *41*
    Hausarztverträge *31*
    Krankengeld *69*
    Krankenhauszusatzversicherung *35*
    Kündigungsfrist *41*
    private Zahnzusatztarife *39*
    Restkostentarif *36*
    Selbstbehalt *32*
    strukturierte Behandlungsprogramme *31*
    Wahltarife *31*
  gesetzliche und private im Vergleich *24*
  private *50*
    Altersrückstellungen *55*
    Basistarif *55*
    Selbstbehalt *56*
    Standardtarif *54*
    Tarifwechsel *52*

Versicherungspflicht *22*
Wechsel gesetzlich zu privat *43*
Kündigung
Nicht-Lebensversicherungen *195*
Kündigungsfrist
gesetzliche Krankenversicherung *41*
Hausverkauf
Wohngebäudeversicherung *140*

L

Lawine
Wohngebäudeversicherung *138*
Lebensversicherung *104*
Beendigung *198*
Beitragsfreistellung *202*
Kündigung zum Rückkaufswert *202*
Verkauf der Police *203*
Leitungswasser
Wohngebäudeversicherung *137*

M

Mediation
Rechtsschutzversicherung *150*
Mieterbund *149*
Mietsachschadenklausel
Private Haftpflichtversicherung *117*

N

Neubauwert
Wohngebäudeversicherung *139*
Nicht-Lebensversicherungen
Kündigung *195*

O

Online-Tarifrechner *180*

P

Personenversicherungen *14*
Pflegekostentarife *62*
Pflegepflichtversicherung *60*
Pflegestufe I *60*
Pflegestufe II *60*
Pflegestufe III *61*
Pflegetagegeldtarife *62*
Pflegetagegeldversicherung
Wartezeit *64*
Pflegezusatzversicherungen
private *62*
Policen-Trimm *199*
private Haftpflichtversicherung *110*
Ausschlüsse *113*
Schäden durch Kinder *114*
private Krankenversicherung, siehe Krankenversicherung, private
private Pflegezusatzversicherung *62*
private Unfallversicherung *94*
private Zahnzusatztarife
Gesetzliche Krankenversicherung *39*
private Zusatzversicherung
Gesetzliche Krankenversicherung *34*
privatrechtlicher Behandlungsvertrag *50*
Privat- und Berufsrechtsschutz *147*
Progression
private Unfallversicherung *95*
Prozessfinanzierer *152*

Q

Quadratmeter-Lösung
Hausratversicherung *132*

R

Rabatte
Kfz-Versicherungen *160*
Rechtsschutzversicherung *17, 144*
Eigentümer- und Mietrechtsschutz *147*
Kostenübernahme *148*
Leistungen *145*
Mediation *150*
Privat- und Berufsrechtsschutz *147*
Verkehrsrechtsschutz *147*
Wartefrist *145*
Wartezeit *149*
Reisegepäckversicherung *177, 185*
Reiserücktrittsversicherung *175*
Rente
gesetzliche *82*
Restkostentarif
Gesetzliche Krankenversicherung *36*
Risiken
besondere
private Haftpflichtversicherung *119*

Risikolebensversicherung *104*
Beitragsverrechnung *105*
Todesfallbonus *104*
Vertragsabschluss *106*
Risikovoranfrage
Berufsunfähigkeitsversicherung *89*
Rückkaufswert
Kündigung Lebensversicherung *199*

S

Sachversicherungen *17*
Schadensfreiheitsklassen
Kfz-Versicherungen *163*
Schadensregulierung
Kfz-Versicherungen *165*
Schneelast
Wohngebäudeversicherung *137*
Selbstbehalt
gesetzliche Krankenversicherung *32*
private Krankenversicherung *51, 56*
Standardtarif
Private Krankenversicherung *54*
Sterbegeldversicherung *18*
Sturm
Wohngebäudeversicherung *137*

T

Tarifwechsel
Private Krankenversicherung *52*
Teilkasko
Kfz-Versicherungen *156*
Tierkrankenversicherung *18, 186*
Todesfallbonus
Risikolebensversicherung *104*

U

Übergangshilfe
Berufsunfähigkeitsrente *88*
Unabhängige Patientenberatung (UPD) *25*
Unfallrentenversicherung *95*
Unfallversicherung *91*
gesetzliche *97*
private *94*
Unterversicherung
Hausratversicherung *128, 132*
Wohngebäudeversicherung *138*

V

VB-Nummer *162*
vereinfachte Gesundheitsprüfung
ambulante Ergänzungstarife *38*
Verkehrsrechtsschutz *147*
Versicherungen
überflüssige *184*
Versicherungsabschluss
Widerrufsrecht *192*
Versicherungsbedarf
Analyse *188*
persönlicher *8*
Versicherungspflicht
Krankenversicherung *22*
Versicherungspflichtgrenze *44*
Versicherungsportale
Internet *180*
Versicherungssumme
private Haftpflichtversicherung *116*
Versicherungssumme 1914
Wohngebäudeversicherung *139*
Vertragsabschluss
Risikolebensversicherung *106*
Vollkasko
Kfz-Versicherungen *156*

W

Wagnisauskunft *88*
Wahlleistungstarif
Krankenhauszusatzversicherung *36*
Wahltarife
gesetzliche Krankenversicherung *31*
Wartefrist
Rechtsschutzversicherung *145*
Wartezeit
Krankentagegeld *74*
Pflegetagegeldversicherung *64*
Rechtsschutzversicherung *149*
Wertermittlung
Hausratversicherung *129*
Widerrufsrecht
Versicherungsabschluss *192*
Wiederbeschaffungswert *128*
Wohngebäudeversicherung *137*

Elementarschäden *137*
Gebäudewert *138*
Kündigungsfristen bei Hausverkauf *140*
Neubauwert *139*
Unterversicherung *138*

Z

Zahnzusatzversicherung
gesetzliche Krankenversicherung *39*
Zurückstufung
Kfz-Versicherungen *163*
Zusatzversicherung
private
gesetzliche Krankenversicherung *34*

Impressum

Herausgeber

Verbraucherzentrale Bundesverband e.V.
Markgrafenstr. 66 • 10969 Berlin
Tel.: (030) 2 58 00-0
Fax: (030) 2 58 00-218
info@vzbv.de • www.vzbv.de

Mitherausgeber

Verbraucherzentrale Baden-Württemberg e.V.
Paulinenstr. 47 • 70178 Stuttgart
Tel.: (0711) 66 91-10 • Fax: (0711) 66 91-50
info@vz-bawue.de • www.vz-bawue.de

Verbraucherzentrale Hamburg e.V.
Kirchenallee 22 • 20099 Hamburg
Tel.: (040) 24 832 0 • Fax: (040) 24 83 22 90
info@vzhh.de • www.vzhh.de

Verbraucherzentrale Niedersachsen e.V.
Herrenstr. 14 • 30159 Hannover
Tel.: (0511) 911 96 0 • Fax: (0511) 911 96 10
info@vzniedersachsen.de • www.vz-niedersachsen.de

Verbraucherzentrale Nordrhein-Westfalen e.V.
Mintropstr. 27 • 40215 Düsseldorf
Tel.: (0211) 38 09-0 • Fax: (0211) 38 09 172
vz.nrw@vz-nrw.de • www.verbraucherzentrale-nrw.de

Text: Michael Wortberg
Lektorat: Ileana von Puttkamer
Fachliche Mitwirkung: Lars Gatschke
Gestaltung: HPPR Werbeagentur, Neuss; www.hppr.de
Fotos ©: Comstock, Creativ Collection, Digital Vision, fotolia, imagesource , iStockphoto, PhotoDisc (gettyimages), project photos ; Titelfoto: Mark Evans
Druck: AALEXX Buchproduktion GmbH, Großburgwedel
Gedruckt auf 100 % Recyclingpapier

verbraucherzentrale

Unser Plus für Sie!

Noch Fragen?
Die Beratung der Verbraucherzentralen

Hoffentlich haben Ihnen die Informationen in diesem Ratgeber weitergeholfen. Wenn Sie noch Fragen haben ... Die Expertinnen und Experten der Verbraucherzentrale beraten Sie individuell, kompetent und unabhängig:

- in Ihrer Beratungsstelle vor Ort,
- am Telefon oder
- im Internet

! **Wir beraten zum Beispiel zu:**

- Banken und Geldanlagen
- Baufinanzierung
- Energie
- Ernährung
- Haushalt, Freizeit, Telekommunikation
- Kreditrecht, Schuldner- und Insolvenzverfahren
- Patientenrechte und Gesundheitsdienstleistungen
- Reiserecht
- Versicherungen

www.

Unter *www.verbraucherzentrale.de* finden Sie das vollständige Beratungsangebot in Ihrem Bundesland.

Oder Sie nehmen direkt Kontakt mit Ihrer Verbraucherzentrale auf: Die Adressen finden Sie auf Seite 206.

Nutzen Sie unser Beratungsangebot und treffen Sie mit unserer Unterstützung die richtigen Entscheidungen.
Wir sind für Sie da!

Hier können wir Ihnen nur eine kleine Auswahl aus unserem umfangreichen Ratgeberprogramm vorstellen. Mehr als 100 aktuelle Titel halten wir für Sie bereit. Auf Wunsch senden wir Ihnen gern ein Gesamtverzeichnis zu. Zu den genannten Preisen (Stand: Januar 2011) kommen noch Porto und Versandkosten.

Privatrenten und Lebensversicherungen |1|

Private Altersvorsorge ist ein Muss. Doch kaum jemand durchschaut alle Produkte mit ihren Varianten, die auf dem Markt angeboten werden. Deshalb benennt dieser Ratgeber erstmals die Vor-und Nachteile aller privaten Lebensversicherungsprodukte: Privatrenten, Riester- und Rürup-Renten sowie Kapitallebensversicherungen. Damit Sie über die unterschiedlichen Rentditen, Ihre Rechte und Ansprüche informiert sind.
1. Auflage 2010, 176 Seiten, 9,90 €

Altersvorsorge richtig planen |2|

Mit vermeintlich lukrativen Angeboten zur Altersvorsorge locken Banken, Anlageberater, Versicherungen und Immobilienverkäufer, und die Verunsicherung ist größer denn je. Dieses Einmaleins der Altersvorsorge bietet unabhängigen und umfassenden Rat. Ein Ratgeber für alle, die ihre Finanzen im Alter auf sichere Füße stellen wollen.
1. Auflage 2010, 272 Seiten, 12,90 €

Betriebliche Altersvorsorge |3|

Für die Altersvorsorge ist die Betriebsrente – neben der gesetzlichen Rente, der staatlich geförderten Riester- und der Rürup-Rente sowie der privaten Altersvorsorge – ein wichtiges Standbein. Der Ratgeber informiert über alle möglichen Alternativen wie Direktversicherung oder Pensionsfonds über Arbeitszeitkonten, das Recht auf Entgeltumwandlung und die Förderung bei Betriebsrenten.
2. Auflage 2007, 224 Seiten, 9,90 €

Die Riester-Rente |4|

Der Ruf der Riester-Rente ist gut. Hier erfahren Sie, wie die staatlich geförderte private Altersvorsorge funktioniert und welche Produkte es gibt – mit einem Vergleich privater und betrieblicher Vorsorgeprodukte.
2. Auflage 2009, 128 Seiten, 7,90 €

Berufsunfähigkeit gezielt absichern |5|

Der Verlust der Arbeitskraft – ein existentielles Risiko und gleichzeitig eine verkannte Gefahr. Der Schutz der gesetzlichen Rentenversicherung ist im Fall der Fälle viel zu gering. Deshalb sollten Sie Ihre Versorgungslücke mit der privaten Berufsunfähigkeitsversicherung schließen. Der Ratgeber zeigt, wie Sie Schritt für Schritt zu einer guten Police kommen – mit zahlreichen Tabellen, Checklisten, wichtigen Adressen und Websites.
3. Auflage 2008, 160 Seiten, 12,90 €

Versicherungen für Haus und Wohnung |6|

Die eigene Immobilie ist meist die größte Investition im Leben. Schäden durch Feuer, Sturm oder Wasser können daher schnell die Existenz bedrohen. Aber welcher Schutz ist wirklich sinnvoll, welche Versicherung tatsächlich notwendig? Der Ratgeber zeigt schnell und verständlich, wie ein guter und kostengünstiger Versicherungsstand aufgebaut wird.
1. Auflage 2010, 98 Seiten, 4,90 €

Geldanlage ganz konkret |7|

Was sind die besten Anlageformen für Ihre kleineren und größeren Ersparnisse? Welche Produkte eignen sich für Ihren kurz- oder langfristigen Bedarf? Und vor allem: Welche Fragen müssen Sie Ihrer Bank stellen, damit Sie zum Ziel kommen? Das sind die Themen dieses Grundlagenwerks.
2. Auflage 2011, 256 Seiten, 9,90 €